우리 신, 우리 괴물 2

고전을 찢고 나온 괴물들

우리 신, 우리 괴물

송소라 지음 · 홍선주 그림

2

고전을 찢고 나온 괴물들

페이퍼
타이거

일러두기

1. 옛 문헌과 근현대 자료는 현대의 맞춤법과 띄어쓰기에 맞추어 실었습니다.
2. 옛이야기는 원문을 그대로 옮기기보다 작가가 다듬어 정리했습니다.
3. 굿·설화·영화·TV 프로그램·그림 제목에는 〈 〉, 논문·기사 제목에는 「 」, 책·학술지 제목에는 『 』를 사용했습니다.
4. 본문에 필요한 보충 설명은 주석으로 달았습니다.
5. 본문에서 인용한 자료의 출처는 참고문헌에 정리했습니다.

작가의 말

이 책을 펼쳐 든 독자 여러분을 환영합니다. 여러분은 아마도 신과 괴물, 환상과 비현실에 마음이 끌리는 분들이겠지요. 눈에 보이지는 않지만, 어쩌면 어딘가에 있을지도 모를 것들을 좋아하는 사람들은 언제나 '겉으로 드러난 모습만이 세상의 전부는 아니다'라는 생각을 품고 살아갑니다.

"보이는 것도 다 알기 힘든 세상에 차라리 눈앞의 일이나 챙기는 게 낫지 않겠냐"는 목소리도 있을 겁니다. 그 말도 맞습니다. 실증적 근거로 세상을 이해하려는 태도는 일상을 지탱하는 힘이 되죠. 하지만 삶에는 늘 예측할 수 없는 일들이 끼어듭니다. 논리로는 설명되지 않는 기묘한 현상, 믿기 어려운 체험이 지금도 이어지고 있으니까요. 그래서일까요? 우리는 여전히 초자연적 세계와 괴물 이야기에서 눈을 떼지 못합니다. 눈에 보이지 않는 존재들이 마음 깊숙한 곳을 흔들어놓기 때문입니다.

환상적인 이야기에서 괴물을 빼면 섭섭합니다. 낯설고 으스스하면서도 묘하게 끌리는 것들 말입니다. 한국에는 우리만의 괴물이 적지 않습니다. 도깨비, 손각시, 강철, 영노, 여우누이 같은 이름들은 서양의 늑대인간이나 드라큘라, 오크, 세이렌 못지않게 매력적입니다.

이 책은 기록으로 남은 이야기뿐 아니라 입에서 입으로 전해진 구비문학, 그리고 풍속에 남겨진 괴물들을 함께 다룹니다. 물론 모든 괴물을 소개할 수는 없기에 우리 전통의 상상과 정서를 잘 드러내는 사례들을 최대한 골라 담았습니다. 사실 한국 괴물을 다룬 책은 이미 여러 권 나와 있습니다. 두툼한 백과사전식 저작들도 있지요. 저 역시 그 자료들에서 많은 도움을 받았습니다. 하지만 아쉬운 점도 있었습니다. 괴물 이야기가 던지는 물음 - 이를테면 '사람들은 왜 이런 괴물을 상상했을까', '한국 괴물만의 특별함은 무엇일까', '괴물을 통해 인간의 어떤 모습을 말하고자 했을까' 같은 생각들이 충분히 짚이지 않았기 때문입니다.

그래서 저는 괴물의 의미와 가치를 더 깊이 살펴보고자 했습니다. 괴물 이야기는 결국 인간이 빚어낸 산물입니다. 그 형상 속에 담긴 두려움과 욕망, 시대적 그림자를 따라가다 보면 인간을 깊게 이해하는 길이 또렷이 떠오릅니다. 옛사람들이 어떤 상상으로 괴물을 그려냈는지를 들여다보면 오늘날 우리가 빌릴 수 있는 지혜도 보이고요.

'우리 괴물'에 주목하는 이유도 여기에 있습니다. 괴물은 어느 문화에나 있지만 우리 문화권에서 나타난 모습은 그만의 맥락과 색깔을 지니고 있습니다. 그 차이를 살펴보는 일은 한국적 세계관을 드러내는 동시에 오늘의 상상력에 힘을 보태 줄 것입니다. 물론 "판타지에 국적이 어디 있냐"는 반론도 있겠지만, 저는 그렇기에 오히려 필요하다고 말해봅니다. 세계가 하나가 될수록 각자의 고유한 상상력을 발견하고 지키는 일이 가치 있다고 믿기 때문입니다.

이 책이 세상에 나오기까지 적지 않은 시간이 걸렸습니다. 2022년 봄, 김은선 대표님과 김혜정 교수님을 만나 "한국의 신과 괴물을 흥미롭게 풀어내 보자"하고 의기투합한 순간이 아직도 생생합니다. 그날 이후 원고를 주고받으며 밤늦도록 토론했고, 때로는 한 문장 때문에 오랫동안 멈춰있기도 했죠. 끝없는 수정 속에 지칠 때도 있었지만 그만큼 서로의 열정을 확인할 수 있는 시간이었습니다. 그렇게 애쓰는 과정을 지나 마침내 한 권의 책이 형태를 갖추었습니다. 그 사이 드라마 〈악귀〉(2023), 영화 〈파묘〉(2024), 드라마 〈귀궁〉(2025) 같은 작품들이 잇따라 인기를 얻으며 한국의 신과 괴물에 관한 관심도 더욱 높아졌습니다. 그 흐름이 제게도 큰 힘이 되었고요.

이 여정은 한국의 괴물을 통해 인간을 이해하고, 우리 문화의 정체성을 담아내고자 한 시도입니다. 함께 고민하며 웃음과 눈물로 글을 써 내려간 김혜정 교수님, 누구보다 열정적으로 책을 완성해 주신 페이퍼타이거 김은선 대표님께 깊이 감사드립니다. 우리의 이야기와 문화를 저보다 앞서 사랑하고 탐구해 온 선배 연구자들, 지금도 함께 공부를 이어가는 동료와 후배 연구자들에게도 경의를 표합니다. 언제나 묵묵히 저를 응원해 주는 가족, 그리고 사랑하는 두 아들 도형과 정욱이 이 책을 즐겁게 읽어 준다면 더할 나위 없는 보람이겠습니다.

이제 우리 신, 우리 괴물이 독자 여러분의 상상 속에서 또 다른 얼굴로 살아날 차례입니다. 그 만남이 작은 즐거움이자 오래 남는 사유가 되기를 바랍니다.

차례

작가의 말 · 5

1장 괴물의 세계

1 괴물의 범주 14
괴물 · 15 | 귀신 · 16 | 도깨비 · 19 | 요괴 · 20

2 괴물은 어디에 있나 24
사람의 일상에 스며든 괴물들 · 25 | 괴물의 공간, 지하국 · 29
괴물이 사는 특별한 섬 · 36

칼럼 ❶ 우리 신과 괴물 이야기를 만날 수 있는 자료 · 42

2장 슬픈 원귀는 구천을 떠돌고

1 원귀의 탄생과 소멸 54
원귀가 되는 조건 · 55 | 위로가 필요한 존재 · 57

2 원귀의 형상 59
소복을 입고 산발한 여인 · 60 | 식민지 시대의 원귀 · 61
죽었을 때의 모습 그대로 · 66 | 괴이한 형상으로 드러내는 존재감 · 69

3 원귀가 나타나는 방법 71
산 사람에게 빙의하는 원귀 · 72 | 어린아이의 원귀, 태자귀 · 74
태자귀를 부르는 자들 · 78

4 **원귀는 이승에서 무엇을 하나** 82
　　죽은 자는 잊지 않는다 · 83 ｜ 원수의 금지옥엽으로 환생하다 · 86
　　나만 당할 수 없지, 물귀신과 창귀 · 90
　　내 한을 들어줘, 통탄의 이야기 · 96 ｜ 인간과의 사랑을 갈망하다 · 100

5 **원귀의 의미** 109
　　사회를 고발하는 목소리 · 110 ｜ 원 없는 삶 · 111

칼럼 ❷ 원귀를 달래는 우리만의 의식 · 113

3장　한국의 특별한 괴물, 도깨비

1 **'진짜 우리 도깨비'를 찾아서** 126
　　도깨비와 오니 · 127 ｜ 도깨비는 언제부터 우리 곁에 있었을까 · 129
　　도깨비의 모습: 형태가 없는 게 형태 · 136

2 **도깨비의 성격** 145
　　어수룩하고 세상 물정 모르는 놈 · 146
　　단순한 성격이 주는 행운과 불운 · 148
　　장난기 많고 심술궂은 괴물 · 151

3 **도깨비는 왜 인간 앞에 나타날까** 154
　　도깨비와 손잡는 기술 · 155 ｜ 인간의 소망과 한계 · 160
　　험한 세상을 살아가는 지혜 · 162

칼럼 ❸ 귀신에 관한 오해와 진실 · 164

4장 변신하는 괴물, 요괴

1 나의 세계를 위협하는 변신 요괴 176

  우리 아들이 손톱 먹은 쥐였네! · 177
  알지만 속아줄게, 지네 각시 · 181
  악당의 편에 선 나무 괴물 은수자 · 184
  오래된 나무의 정기에서 탄생한 요괴 · 187

2 변신 이야기는 언제나 재미있다 191

  '독독독독' 해골 깎는 여우 · 192
  요괴들, 그 다채로운 본모습 · 196
  운명을 건 변신 대결 · 199

3 인간을 향한 믿음 205

  두려움 없이 요괴와 맞서는 용기 · 206
  유혹에 넘어가지 않는 맑은 정신 · 210

칼럼 ❹ 근현대에 만들어진 괴물들 : 장산범, 빨간 마스크, 홍콩할매귀신 · 215

5장 더 알아보면 좋을 괴물들

1 **거대한 공포의 화신들** 226
   머리가 아홉 개 달린 아귀 · 227 ｜ 무쇠 몸의 요괴, 응천대장군 · 229
   괴물을 이기는 건 누구인가 · 231

2 **철을 먹는 괴물, 불가사리** 235
   철을 먹던 괴물은 지금도 배고프다 · 236

3 **역겨운 냄새가 나는 괴물들** 241
   사람 아닌 것에서 풍겨오는 악취 · 242

4 **가면을 쓴 괴물들** 246
   영노의 정체를 밝혀라 · 247 ｜ 난 양반이 제일 맛나더라! · 251
   놀이판을 정화하는 하회별신굿의 주지 · 253

5 **강철에 관한 재밌는 상상** 257
   한국의 악한 용, 강철 · 258 ｜ 탐욕으로 변질된 능력 · 260
   독룡이 숨은 곳은 물이 유난히도 맑구나 · 263

칼럼 ⑤ 환상성을 바탕으로 한 캐릭터 · 267

주 · 286
이 책에서 활용한 주요 자료 소개 · 290
편집자의 말 · 300

1장 괴물의 세계

1
괴물의 범주

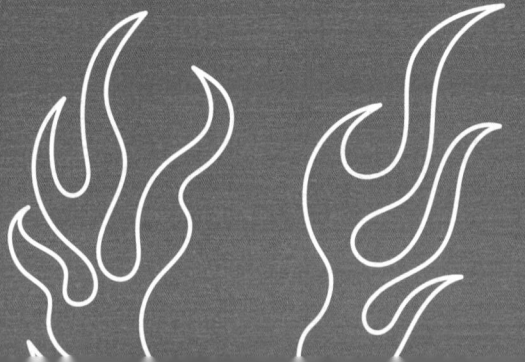

우리 고전 속 여러 괴물을 소개하기에 앞서 여러분께 질문 하나를 던지고 싶습니다. '괴물'이라는 단어, 어떤 의미로 알고 계십니까? 비슷하게는 귀신·도깨비·요괴 등을 떠올려 볼 수 있고 정령·괴이 같은 개념으로 확장되기도 할 겁니다. 이들은 큰 범주에서 보면 '기이하고 낯선 존재'라는 공통점을 가지고 있지만 실은 약간의 차이가 있습니다.

그러니 이 책에서 다룰 괴물이 무엇인가에 대한 간단한 설명이 필요할 듯합니다. 각각의 표현이 가지고 있는 의미와 특징을 짚어 보겠습니다.

괴물

괴물(怪物)을 한자어 그대로 옮기면 '괴이하고 의심스러운(怪) 모든 것(物)'입니다. 이때 '물(物)'은 동물·식물·사물 등 우리 주위의 모든 대상, 즉 만물을 지칭하지요. 이것이 본래의 모습이나 성격을 따르지 않고 변형되어 나타날 때 괴물이라 합니다.

보통 우리가 생각하는 괴이함은 외형에서 비롯되는 면이 많습니다. 겉모습이 일반적인 상식과 다를 때 이질감이나 공포를 느끼기 쉬우니까요. 중국의 『산해경』에는 이러한 괴물이 여럿 소개됩니다. 사람과 물고기, 사람과 새, 또는 사람과 용을 합친 반인반수(半人半獸)가 대표적입니다. 물론 반인반수뿐만 아니라 얼굴이 없는 코끼리, 가슴에 구멍이 난 채 사는 사람, 머리 하나에 몸이 셋인 사람 등 특이한 조합도 많습니다. 괴이한 모습은 우리 상상력의 크기만큼 무궁무진하게 변주할 수 있을 거라 짐작해 봅니다.

내적인 괴이함도 빼놓을 수 없습니다. 성질이나 능력이 본래의 한계를 뛰어넘는 모습을 떠올려보면 좋겠습니다. 사람 모습을 하고서 남의 간이나 피를 먹어가며 사는 경우, 아무리 머리를 잘라도 죽지 않는 경우. 또는 사람이 동물이나 사물로 변신하거나, 하늘을 날거나, 혹은 타인의 마음을 읽기도 합니다. 동물 또는 식물이 사람의 말을 한다거나, 변신을 할 수 있다거나, 본래 가질 수 없는 능력을 발휘할 때도 괴물이라 할 수 있습니다.

귀신

귀신에 대한 궁금증은 아주 오래전부터 이어져 왔고 체계적인 연구 자료도 많습니다. 지금부터 학자들의 의견을 정리해 드릴 텐데 읽는 속도를 조금 줄이며 이 기회에 찬찬히 이해해 보시면 좋겠습니다.

학자들은 귀신(鬼神)을 '귀(鬼)'와 '신(神)'으로 나누어서 설명합니다. 왜 그런지는 1세기 무렵에 쓰인 중국 한나라의 『설문해자』를 통해 알 수 있습니다. 이 책에서는 한자 '귀(鬼)'를 '사람이 (죽어서) 되돌아간 것(人所歸爲鬼)'으로 풀이합니다. 따라서 귀는 생명체, 특히 사람이 죽어서 된 경우를 말하고 그 과정에서 귀(鬼)의 뜻을 동음이의어인 돌아갈 귀(歸)와 연관짓기도 합니다. 사람의 죽음을 일컬어 '돌아가셨다'고 표현하는 경우를 생각해 보면 되겠습니다.

한편 한자 '신(神)'은 인간을 넘어서는 더 큰 힘에 대한 상징으로 쓰였습니다. 이 글자를 구성하는 '보일 시(示)'와 '펼 신(申)'은 모두 하늘의 기운이 땅을 향해 펼쳐지는 모양을 형상화한 것입니다. 학자에 따라서는 神을 제단 위(示)로 번개가 내리치는 모습(申)으로 해석하기도 합니다. 고대인들은 번개를 신의 강림이라 여기기도 했거든요.

'귀'와 '신'은 글자의 연원뿐만 아니라 인간과 어떤 관계를 맺고 있는지에서도 차이가 있습니다. 귀는 인간에게 해롭고 위험해서 회피해야 한다면, 신은 인간에게 선의를 갖고 있으므로 숭배받아야 한다고 인식합니다. 이로써 귀는 어둡고 부정적이며 고통과 위험을 주는 이미지를, 신은 밝고 긍정적이며 경외의 이미지를 갖게 됩니다.

	귀鬼	신神
유래	생명체가 죽어서 됨	본래 초월적인 것 사람, 자연물 모두 가능함
인간과의 관계	해롭거나 위험함 회피하고 퇴치해야 할 대상	선의를 베풀고 도움을 줌 경외하고 숭배해야 할 대상
성질	어둡고 차가운 속성	밝고 숭고한 속성

　우리가 흔히 생각하는 귀신은 사람에게 좋지 못한 영향을 미칩니다. 이들은 흉가·폐가 같은 음침한 곳, 혹은 누군가 죽었다고 소문난 공간에 떠돌며 산 사람을 괴롭힙니다. 우리는 이들을 한데 묶어 귀신이라 칭하지만 엄밀히 말하면 이것은 '귀'의 속성입니다. 만약 누군가 하는 일마다 좋은 결과는커녕 해만 입는다면 '조상귀'의 심술이 아닌지 의심하고 걱정할 겁니다. 반면 돌아가신 조상님 꿈을 꾸고 로또 1등에 당첨되었다면 '조상신'이라 부르며 정성껏 추모하겠지요. 저라도 그럴 것 같습니다.

　하지만 우리가 모든 상황에 귀와 신을 엄밀히 따져가며 사용하지는 않습니다. 따라서 귀신이라는 단어에는 부정과 긍정 두 의미가 모두 담겨 있다고 봐도 무방합니다. 다만 악독하고 무서운 귀신은 귀의 성격이라고 정리한다면 귀신을 좀 더 분명히 이해했다고 볼 수 있습니다.

도깨비

도깨비는 우리나라의 고유어로, 표준국어대사전에는 다음과 같이 설명되어 있습니다.

> 동물이나 사람의 형상을 한 잡된 귀신의 하나. 비상한 힘과 재주를 가지고 있어 사람을 홀리기도 하고 짓궂은 장난이나 심술궂은 짓을 많이 한다고 한다.

눈을 잡아끄는 구절이 하나 있을 겁니다. 맞습니다. 바로 '귀신의 하나'입니다. 도깨비는 귀신의 두 가지 속성, 즉 어두움과 밝음을 모두 지니고 있습니다. 그러니까 사람에게 해를 가하기도 하지만 사람을 돕기도 하고, 근엄한 듯하지만 다소 모자라기도 한 양면적 모습이 있지요. 사람과의 관계로 보면 그야말로 귀이면서 신인 존재입니다.

한편 도깨비가 어떻게 생겨났는지에 대해서는 다양한 설화가 있습니다. 인간과 그를 둘러싼 세계가 탄생하기 이전부터 존재했던 신처럼 이해되기도 하고, 빗자루나 방망이 같은 사물이 변하여 사람의 모습으로 나타난 것으로 이해되기도 합니다.

도깨비에 대해서는 그간 많은 연구와 논의가 있었습니다. 그만큼 매력적이고도 복합적인 대상인데요. 여기서는 이 정도로 정리하고 자세한 내용은 3장 '한국의 특별한 괴물, 도깨비'에서 더 소개하겠습니다.

요괴

'요괴'라는 단어에 얽힌 뜻은 꽤 복잡해서 단언하기 쉽지 않습니다. 요괴의 의미를 알기 위해 동아시아권의 정의를 먼저 이해해보면 좋겠습니다.

일본에서는 불가사의하고 기묘한 모든 대상·현상·상황을 통칭하여 요괴라는 단어를 사용하는데, 이 중 대상으로서의 요괴는 인간에게 부정적이고, 영적으로 좋지 않으므로 반드시 추방해야 한다고 여깁니다.

중국의 옛 문헌 『수신기』에는 요괴를 '정기가 물체에 실려 형성된 것'이라고 설명합니다. 이때 정기란 생명을 만들고 움직이며 유지하게 하는 힘을 말하는데요. 어떤 특별한 기운이 사람이나 사물·동물에 깃들어 본래 속성과 다른 방향으로 변화된 것입니다.

일례로 아주 오래된 물건은 물건 그 이상으로 느껴질 때가 있습니다. 어린 시절부터 계속 사용해 온 샤프나 가방, 할아버지와 아버지가 보시다가 이제 내 방에 꽂힌 책은 분명 한없이 낡고 닳아 있을 텐데도 쉽게 버리기 어렵습니다. 왠지 이 물건은 우리 가족, 혹은 나의 역사를 잘 알고 있다는 기묘한 느낌을 받기도 하지요.

요괴는 괴물과 무척 유사합니다. 요상하고 괴이하니까요. 다만 요괴에는 특별한 정기가 딸려 있다는 의미가 더하여 있죠. 이 정의를 따르면 도깨비도 요괴의 하나입니다. 오래된 빗자루나 부지깽이, 또는 나무가 도깨비가 되었다는 이야기를 한 번쯤 들어보았을 겁니다. 즉, 일상에서 흔히 볼 법한 대상이 아주 오랜 시간이 지나면서 특별하게 변하고 이것이 결국 초월적 존재가 된 것입니다.

조선 후기 문신(文臣) 유몽인(1559-1623)은 『어우야담』에서 이런 성격을 가진 것을 '물괴(物怪)'라고 지칭하며, 다음과 같이 서술합니다.

이른바 물괴는 사람이 죽어 귀신이 된 것이 아니고, 오래된 사물에 신령함이 있어 그 형체를 바꾸어 장난치는 것일 뿐이다.
…중략… 사물이 오래되면 영험한 기를 품고 형상을 빌려 곤충, 초목, 새와 짐승, 물고기와 자라의 정령과 더불어 기를 내어 허상을 만드는 경우가 종종 있다. 그 기운은 사악해서 바른 것에는 침범하지 못한다는 것이 어찌 빈말이겠는가!

오래된 사물의 정기가 형체를 바꾸어, 혹은 사물에 정기가 깃들어 만들어진 허상. 물괴는 『수신기』에서 말한 요괴와 뜻이 통한다는 생각입니다. 아무래도 만물(物)이 변화하여 괴이(怪)하게 되었다는 의미에서 괴물이 아닌 물괴로 표기하여 이해한 것이 아닌가 합니다. 한편, 물괴는 윗글에서도 보듯 사악한 기운으로 나타납니다. 일본의 요괴 개념과 마찬가지로요. 그러다 보니 요괴는 부정적으로 묘사될 때가 많습니다.

최근의 정의는 어떨까요? 이후남 선생님은 요괴에 대해 "인간이 범접할 수 없는 초월적 능력을 가졌고, 인간에게 긍정적인 영향과 부정적인 영향을 끼치기도 한다"고 설명합니다. 그럼에도 요괴는 부정적인 측면으로 등장하는 경우가 훨씬 많고, 한·중·일 모두에서 요괴와 착하다는 속성은 잘 어우러지지 않기에 결국 요괴는 "비인간이면서 기괴하고, 인간세계에 해를 끼치다가 퇴치되는 존재"라고 정의할 수 있다고 합니다.

지금까지의 이야기를 정리하자면 괴물·귀신·도깨비·요괴는 괴이함이라는 공통점이 있습니다. 그러나 세밀하게 들여다보면 조금씩 차이가 있습니다. 괴물이 가장 크고 넓은 개념이고, 이 안에 귀신·도깨비·요괴가 포함될 수 있지요.

다만 귀신·도깨비·요괴는 '생성되는 방법'이 다릅니다. 먼저 귀신의 귀는 생명체가 죽어서 된 것, 신은 인간과 세상이 생겨나기 전부터 있었던 것이라면, 요괴는 만물에 정기가 실려 생긴 것입니다. 그리고 도깨비는 생성 방법이 여러 가지이므로 요괴와 귀신의 면모를 모두 가지고 있습니다.

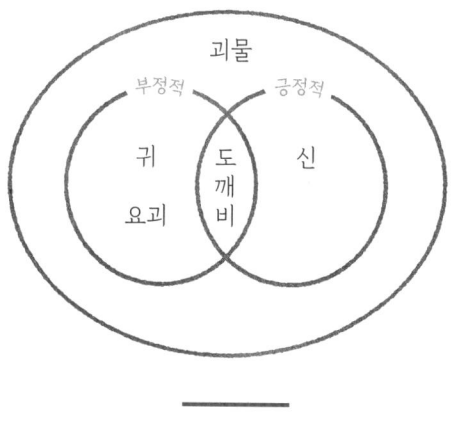

인간과의 관계

또 하나, '인간과의 관계'에서도 차이가 있습니다. 귀신의 鬼와 요괴는 인간에게 해를 끼치는 부정적 속성, 귀신의 神은 인간에게 도움을 주는 긍정적 속성이 있습니다. 그리고 도깨비는 이 두 속성을 모두 가졌습니다.

이렇게 보면 우리의 괴물은 꽤 복합적입니다. 괴물의 하위 분류인 귀신·도깨비·요괴도 고유한 특성이 있지만 서로 조금씩 겹치는 면도 있고요. 이제 그 풍부하고도 상세한 이야기들을 하나씩 짚어가 보도록 하겠습니다.

2
괴물은 어디에 있나

사람의 일상에 스며든 괴물들

옛사람들은 언제 어디에나 괴물이 있다고 믿었습니다. 그러한 관념 안에서 괴물들은 때로는 부지깽이, 빗자루 같은 우리 집의 물건이 될 수도 있고 나무, 호수, 논밭처럼 늘 오며 가며 마주치는 자연물에 깃들어 살기도 했지요. 도깨비는 또 어떤가요? 마을 사람에게 씨름 한 번 하자고 권하는 모티프는 익숙하게 느껴집니다.

특히 사람이 죽으면 육체는 썩어서 사라지지만 혼은 남아있다고 믿는 전통적 영혼관이 있었기에 귀신은 산 사람과 공존한다고 생각했지요. 망자의 혼이 편안하게 저승으로 가면 문제가 없지만, 그렇지 못한 혼은 이승에 머문다고 여겼습니다.

우리의 옛이야기에는 사람의 주변을 맴도는 괴물들이 꽤 많습니다. 사람이 살아가는 모든 공간은 괴물 또한 함께 지낼 수 있는 곳이기도 하니까요. 그런 점에서 『어우야담』에 실린 〈신막정 집 귀신〉 이야기를 소개합니다.

옛날 한양 남쪽에 신막정이라는 사람이 있었다. 어째서인지 신막정은 새 집에 잠시 살더니 이후에는 늘 남에게 세를 주고 본인은 그 집에 살지 않았다. 그 집에 귀신이 밤낮없이 함께 있었기 때문

이었다. 귀신이 어떻게 그 집에 흘러오게 됐는지, 왜 거기에 머무
는지는 모르겠으나 형체는 없고 보통 사람처럼 말을 하였다. 신
막정을 "주인님"이라 부르고, 무엇을 부탁하면 마치 노비처럼 들
어주기도 하였다. 하지만 아무 때나 먹을 것을 달라고 했고, 주지
않으면 즉시 성을 내고 괴이한 짓도 하였다.

한 번은 한밤중 신막정 부부 침실에 귀신이 들어와 침상 아래에
서 큰 소리로 웃었다. 신막정이 괴로워하며 집을 떠나려 하니 귀
신도 함께 따라가겠다고 했다. 어느 날 신막정이 "너는 어떻게
생겼느냐, 모습을 벽에 그려보아라"고 하자, 귀신은 "주인님이
무서워하는 건 원치 않는다"고 하였다. 그래도 신막정이 재차 권
하자 벽 위에 그림이 홀연히 나타났는데 머리가 두 개에 눈이 네
개였으며, 높은 뿔이 우뚝 솟아 있고, 입술은 늘어지고 코는 오그
라들었으며, 눈은 붉어 그 형상을 차마 눈 뜨고 볼 수 없었다. 신
막정이 어서 지워 버리라고 하자 벽 위에는 한 점의 그림도 남아
있지 않았다.

이 이야기 속 귀신은 신막정 부부와 한집에서 살아갑니다. 매
우 끔찍한 형상을 하고 있음에도 모습을 드러내 보이지 않은 채
웃음소리, 말소리만으로 존재감을 나타냅니다.

옛이야기에서 산 사람의 공간에 귀신이 나타나기란 다반사입
니다. 역시 『어우야담』에 실린 〈조카 집을 탕진한 안씨 귀신〉 이
야기에서는 육십이 넘어 죽은 과부 안씨가 몇 년 뒤 조카의 집으

로 당당히 들어옵니다. 훤한 대낮에, 살아있을 때의 옷차림 그대로 대청마루에 앉아 있는 것이 아니겠어요? 온 집안 사람들이 이 모습을 보고 당황해 절을 올리자 안씨 귀신은 배가 고프다며 음식을 요구합니다. 이후에도 온갖 진귀한 음식과 술을 찾아대는데, 요구를 들어주지 않으면 화를 내며 해코지를 합니다. 조카가 견디다 못해 다른 곳으로 피하려 하니 나도 따라가겠다며 좌절시켰습니다. 이 귀신은 나중에는 다른 귀신들까지 떼로 몰고 와서 재물을 탕진하고 재앙을 일으키죠. 사람들이 어디로 도망가든 귀신은 끝까지 따라붙고 끝내 집안이 몰락하고 맙니다.

길을 가다가 우연히 괴물을 만나기도 합니다. 임석재 선생님이 조사한 자료에 따르면, 충청남도에는 어느 불운한 소금장수의 이야기가 전해집니다.

한 소금장수가 장사를 마치고 집에 가다가 묘 앞에서 울고 있는 사람을 만났다. 왜 우는지 묻자 그는 배가 고파서 그런다고 답했다. 마음 착한 소금장수는 그를 자신의 집으로 데려와 밥을 주었다. 그런데 그가 손으로 밥을 집어 얼굴에 문지르니 얼굴 속으로 밥이 쑥쑥 들어가는게 아닌가? 크게 놀란 소금장수가 그제서야 그의 얼굴을 제대로 쳐다보니 얼굴에 눈도 코도, 아무것도 없는 괴물이었다.

괴물은 밥을 다 먹고 나서 소금장수에게 옛이야기를 들려달라고 했다. 소금장수는 두려운 마음이 들어 할 이야기가 없다고 하자,

"소금 팔러 여기저기 다녔으면 본 것도 많고 들은 것도 많을 것 아니냐"며 계속 졸랐다. 소금장수는 하는 수 없이 "옛날에 어떤 소금장수가 집에 가다가 울고 있는 사람을 봤어. 왜 우냐니까 배가 고파서 그런다잖아. 집에 데려와서 밥을 줬더니 글쎄 이 사람이 밥을 손으로 집어서 얼굴에 묻히는데 밥이 얼굴 속으로 쑥쑥 들어가더라"고 했다. 이야기가 끝나는 순간, 괴물은 소금장수에게 와락 달려들어 잡아먹었다.

늘 오가는 익숙한 장소, 식구들과 대화를 나누며 밥도 먹고 잠드는 공간에서 괴물에게 갑자기 해를 입을 수 있다는 이야기는 고전적이면서도 여전히 공포감을 자아냅니다.

허름한 초가일지언정 우리집만큼은 편안함을 느끼는 공간이죠. 바깥에서 아무리 험한 일이 있었다 해도 집에 들어서면 안전할 거라는 믿음이 있습니다. 그런 내 집에서, 아무것도 없이 민둥한 괴물의 얼굴을 확인했을 때 소금장수는 심장이 떨어질 만큼 놀랐을 것입니다. 신막정 집의 귀신, 조카를 망하게 한 안씨 귀신 이야기 역시 비슷한 구조입니다. 정든 터전을 떠나야 하고, 일가가 몰락하거나 사람이 갑자기 잡아먹히고야 마는 비극적 결말에 도달하기 위해 아늑한 공간에 한 겹씩 공포를 쌓아 올리는 방식이죠. 이런 이야기를 들은 사람은 안전하다고 여겨온 곳에 한 번쯤은 의심을 싹틔우게 됩니다.

봉준호 감독의 영화 〈괴물〉(2006)이 흥미로웠던 여러 이유 중

하나도 서울의 중심인 한강에 괴물이 출현했기 때문입니다. 개봉 당시, 대낮의 평화로운 한강 공원에서 살육과 식인을 일삼는 괴물이라는 설정이 신선하게 다가왔습니다. 이 괴물의 공간은 힘들게 찾아가야만 하는 곳, 으슥하게 숨겨진 곳이 아니기에 '여기도 혹시?' 하는 우리 마음속 근원적인 두려움과 공포를 증폭시킵니다.

괴물의 공간, 지하국

집과 학교, 일터처럼 익숙한 공간을 일상적 공간, 그 바깥을 비일상적 공간이라고 나누어 봅시다. 누군가는 비일상적 공간이라는 단어에서 좋은 향기가 나는 이국의 리조트나 화려하고도 동화같은 놀이공원을 연상하기도 할 것입니다. 특별히 상상력이 뛰어나다면 현실의 법칙이 통하지 않는, 완전히 새로운 세계를 꾸며낼 수도 있겠군요.

비일상적 공간은 괴물 이야기와 함께 묶여 다니는 배경입니다. 괴물의 공간은 우리가 사는 곳과 달리 낯설고 특징적인 요소가 있을 것이라는 상상에서일 겁니다. 특히 '지하 어딘가'에 괴물이 있다는 이야기는 동서양에 공통으로 나타납니다. 그리스 신화 속 하데스의 저승 입구를 지키는 케르베로스, 불교의 지옥에서 죄인을 감시하고 형벌을 내리는 나찰과 야차가 그렇습니다. 예나 지금이나 땅속은 쉽게 접근할 수 없기에, 그만큼 두려우면서도 정복하고 싶은 공간이었을 것입니다. 땅을 계속 파내려 가다 보면 무엇이 튀어나올지, 이 동굴은 다른 세계로 넘어가는 통로가 아닐지 같은 호기심을 불러내면서요.

한국에도 땅속에 사는 괴물에 관한 이야기들이 있습니다. 먼저, 제주도에서 전해지는 〈와라진 귀신〉 이야기를 소개해 보겠습니다. 이 이야기는 『한국구비문학대계』에 실려 있습니다.

옛날, 땅속에 와라진이라는 귀신이 살았다. 이 귀신은 종종 사람의 모습을 하고 땅 위로 오곤 했는데, 어느 날 가난한 집 할아버지에게 돈을 주고 첫째 손녀를 사 왔다. 와라진은 첫째 손녀를 데리고 깊은 땅속으로 들어가 자신의 다리를 쑥 뽑아주면서 "내 각시가 되려면 내가 사흘간 나갔다 올 동안 이걸 다 먹어야 한다"고 했다. 첫째 손녀는 도저히 그럴 수가 없어 지붕 위로 다리를 던져 버린 후, 돌아온 와라진에게는 다 먹었다며 거짓말을 했다. 이 말을 듣자마자 와라진은 "다리야!"하고 외쳤고, 지붕에서 다리가 뚝 떨어져 나타났다. 와라진은 자신을 속인 첫째 손녀를 죽였다. 이후 와라진은 할아버지에게 둘째 손녀도 사 왔다. 둘째 손녀가 언니를 찾자, 와라진은 내 다리를 먹으면 보여주겠다고 했다. 하지만 둘째 손녀도 이를 먹지 못하고 마루 밑에 다리를 숨겨 두었다. 역시 사흘 뒤에 돌아온 와라진은 다시 한번 "다리야!"하고 외쳤고, 다리는 마루 밑에서 튀어나왔다. 와라진은 둘째 손녀도 죽였다.

와라진은 마지막으로 막내 손녀를 데려왔다. 막내는 언니들을 보여달라고 했고, 와라진은 역시 내 다리를 먹어야 한다고 했다. 막내 손녀는 기지를 발휘하여 다리를 빻아서 가루로 만들고 복대에 넣어 배에 둘렀다. 사흘 뒤 돌아온 와라진은 이번에도 "다리야!"하고 불렀으나, 다리는 "막내 손녀의 뱃속에 있어서 갈 수가 없다"고 대답했다. 막내가 다리를 다 먹었다고 여긴 와라진은 비로소 막내 손녀와 함께 지내기로 했다. 막내 손녀는 와라진과 살며 그가 달걀, 무쇠, 버드나무를 제일 무서워한다는 것을 알아냈다. 그리고 이를 이용하여 와라진을 죽이고 되살아날 수 없도록 시신을 가루로 만들어 공중에 뿌렸다.

와라진 귀신은 머리가 세 개이고 꼬리가 아홉 개인 '삼두구미(三頭九尾)'라는 괴물로도 불립니다. 제주도 신화 중 〈삼두구미본풀이〉와 구연 지역도 일치하고 내용도 거의 차이가 없기 때문에 이 둘을 같은 이야기로 보죠.

와라진은 자신의 기괴한 본모습을 오직 땅속에서만 드러냅니다. 진짜 모습을 땅 위 마을 사람들에게 내보이지도, 그 모습으로 횡포를 부리지도 않습니다. 배우자 될 여인에게 인육을 먹도록 강요하고 이를 따르지 못하면 잔인하게 죽이는 일은 자신의 공간에서만 이루어집니다.

사람으로 태어나고 자란 여인들이 인육을 먹을 수는 없습니다. 인간성을 포기하는 행동이니까요. 와라진의 이러한 배우자

테스트는 여인들을 자신과 같은 괴물로 끌어내리려는 수단입니다. 게다가 아무도 모르는 곳에서 벌어지는 악행이니, 와라진을 땅속에서 만나지 않는 한 그 폭력적이고 비틀린 속내를 사람들은 짐작조차 할 수 없습니다.

괴물이 땅속으로 사람들을 데려가는 또 다른 유형의 이야기로 〈지하국대적퇴치〉 설화가 있습니다. 이 이야기는 한 편이 아니라 조금씩 변형된 형태로 전국에 퍼져 있는데 '지하의 괴물이 여인을 납치하고, 영웅이 괴물을 무찔러 여인을 구한다'는 큰 틀은 변하지 않습니다.

이 이야기에서 주목하고 싶은 부분은 괴물이 사는 지하국입니다. 일제강점기의 민속학자 손진태(1900-?)가 수집하고 정리한 『한국 민족설화의 연구』에는 지하국으로 가는 통로와 그 공간에 대한 묘사가 나와 있습니다.

무사(武士)는 부하들 몇을 거느리고 아귀를 찾아 나섰다. 오래도록 아귀 소굴을 못 찾고 헤매던 중에 꿈에 백발노인이 나타나 산 속에 있는 이상한 바위를 들고서 그 밑에 난 구멍으로 들어가라고 했다. 꿈에서 깬 무사가 바위를 찾아서 들어내자 정말로 깊은 구멍이 있었다. 먼저 광주리에 하인들을 태워서 내려가 살펴보고 오게 했으나 그들은 내려가다 말고 무서운 마음에 되돌아왔다. 무사는 할 수 없이 혼자서 광주리를 타고 구멍 아래로 내려갔다. 그가 밑바닥에 이르렀을 때 훌륭한 세계가 눈에 들어왔다. 그중에 제일 큰 집으로 다가간 무사가 우물가 나무에 올라가 동정을 살피는데 예쁜 여자가 물을 길러 나왔다.

지하국으로 가는 문은 산속의 이상한 바위였습니다. 그 바위를 치우자 깊은 구멍이 나타난 것이죠. 수직으로 내려가는 좁은 통로가 바로 지하국으로 향하는 길임을 상상할 수 있습니다. 그리고 지하국은 훌륭한 세계로 표현되는데, 음침하고 불길한 분위기가 아닌 호화롭고 아름다운 곳으로 짐작됩니다.

이외에도 여러 작품에서 각자의 방식으로 지하국을 묘사했습니다. 『김원전』이라는 고전소설에서는 김원이 지하 동굴 아래로 며칠이나 들어가야만 아귀의 처소에 도달할 수 있다는 설정을 둡니다. 여정 중에 큰 산을 보기도 하고, 그림같은 풍광의 나무와 꽃·앵무새·공작·두견새·봉황 등의 새를 마주하기도 합니다.

고전소설 『최고운전』에도 괴물이 사는 지하 공간이 드러납니다. 그 대목을 보면서 구체적인 장면을 한번 그려보지요.

최충(최고운의 아버지)이 밤에 골짜기로 가보니 낮에는 닫혀 있었던 바위틈 사이로 촛불 같은 불빛이 보였다. 그 틈을 따라 들어가자 넓고 기름진 땅에 초목이 울창하고 기이한 새들이 꽃나무에 가득 앉아 있었다. 최충은 "세상에 어찌 이런 땅이 있을까, 여기는 신선의 땅 아닌가?"하고 탄식했다. 동쪽으로 50걸음을 더 들어가니 매우 아름답고 커다란 집이 나왔는데 마치 하늘궁전 같았다. 이때 즐겁게 떠드는 소리가 들려, 꽃 사이에 가만히 몸을 숨기고 바라보니 싯누런 금색 돼지가 용무늬 돗자리에 누워 최충 아내의 무릎을 베고 졸고 있었고, 그 옆에는 십여 명의 미인이 쭉 둘러앉아 있었다.

이 대목에서는 지하괴물의 공간을 신선의 땅, 하늘궁전과 같다고까지 표현하고 있습니다. 썩다 남은 해골이 굴러다닐 것 같은 스산한 굴이 아니라 오히려 아름다운 광경이 펼쳐진다는 것이 반전처럼 느껴집니다. 섬세하고도 환상적인 지하국 묘사는 당시 사람들이 상상한 이계(異界)의 풍경이기도 합니다. 우연히 접한 통로를 거쳐 아직 사람의 발길이 닿지 않은 지하 어딘가에 닿으면 입이 쩍 벌어질 만한 풍경과 눈부신 꾸밈새의 대저택이 있을 것이라는 기대 말입니다.

괴물을 물리치고 여인을 구출해 내는 여러 영웅의 이야기가 오래도록 입에서 입으로 전해 내려온 까닭은 그들이 매력적인 공간에 현혹되지 않고 인간이라면 마땅히 지켜야 할 가치를 되찾았기 때문일 겁니다. 괴물을 퇴치하고 난 뒤 지하국의 새로운 왕으로 군림하려는 영웅은 아무도 없습니다. 괴물의 공간에 덧씌워진 아름다움을 걷어내 보면 그 안은 온통 끔찍한 것들로만 가득 차 있습니다. 납치, 식인, 살해, 성 착취, 노략질로 이루어진 공간일 뿐이죠. 일견 아름다워 보이지만 실은 망가지고 부패한 세계를 메우고 있던 것들을 영웅은 원래 있었던 자리로 되돌려놓습니다. 납치된 사람들은 집으로 돌려보내고, 괴물이 모아둔 온갖 금은보화와 가축, 곡식을 지상으로 가져오지요. 그 과정에서 공로를 인정받고 넉넉한 재화로 현실에 보탬이 되는 것은 덤입니다.

'이 땅 아래에는 무엇이 있을까?'에서 출발한 상상력은 '악인의 공간은 거짓되고 허무할 뿐, 진짜를 이길 수 없다'는 인식으로 마무리됩니다. 그래서 지하국을 다녀온 영웅의 모험담은 듣는 이로 하여금 현실 세계에 다시금 발 딛고 살아가게 하는 원동력이 됩니다.

와라진은 왜 달걀, 무쇠, 버드나무를 무서워할까?

와라진은 "달걀은 땅의 사정을 물어도 '난 눈도, 코도, 입도, 귀도 없어서 모른다'며 모가지를 좌우로 떨어서 싫고, 무쇠는 불에 넣어도 타지 않고 변하지 않으니 내가 조화를 부릴 수 없어서 싫다. 그리고 버드나무는 한 번 후려쳐 맞기라도 하면 사지를 움직일 수 없어서 싫다"고 답합니다. 예로부터 민간에서는 버드나무를 양기가 강한 식물로 여겨, 귀신이 싫어한다고 믿었죠.

와라진 설화가 전해오는 제주를 비롯한 일부 내륙 지방에서는 묘를 옮길 일이 있을 때, 달걀 세 개와 무쇠덩어리 세 개를 묻고 흙을 덮은 후 버드나무 가지를 꽂는다고 합니다. 와라진이 혹시라도 시신을 훼손할까 염려하여 제사를 지내는 것이지요.

🔥 괴물이 사는 특별한 섬

저만치 뚝 떨어진 곳에 살아가는 괴물도 있습니다. 마치 그들만의 세상이 따로 있다고 할까요? 이러한 공간은 이야기에서 주로 '섬'으로 나타납니다. 문학적 은유로서의 섬은 단절, 다른 세상, 심리적 거리 등을 의미합니다. 섬은 바다가 그 사이에 있으니 쉽게 오갈 수 없죠. 그래서 섬에 사는 괴물은 인간이 그 공간에 방문해서야 맞닥뜨리는 경우가 많습니다. 어떤 이유로든 사람 사는 세상에 자꾸 나타나는 육지의 괴물들과는 다른 면모가 보입니다.

조선 시대 왕실 여성들이 즐겨 읽은 소설을 소장한 낙선재 문고[1]에 『태원지』라는 장편 소설이 있습니다. 『태원지』는 중국 원나라를 배경으로 한 우리나라의 작품인데요, 아홉 개의 섬에 표류하다 마침내 '태원'이라는 신대륙을 개척하는 영웅들의 활약을 다룹니다. 주인공 일행은 낯선 섬에 닿을 때마다 기이한 모습의 괴물들과 싸우고 때로는 바다의 신에게 도움을 받기도 합니다. 이 소설은 실존하는 세계 너머를 그렸던 당시 사람들의 상상을 꽤 구체적으로 보여줍니다.

다음은 소설 『태원지』에 등장하는 아홉 섬의 특징과 주인공 일행이 만난 기이한 존재들을 정리한 표입니다. 작품 속에서 이름이 전해지는 섬은 소개했고, 그렇지 않은 곳은 비워두었습니다. 빈자리에 어울리는 이름을 여러분이 직접 지어보셔도 재미있을 듯합니다.

제1섬	경관:	뾰족한 바위와 울창한 수목. 험준한 길에 사람의 흔적이 없음.
	괴물:	몸은 쇠, 머리는 구리, 눈은 금, 치아는 옥으로 된 거대 인간 '응천'
제2섬 자정동	경관:	무성한 풀, 높은 나무와 언덕, 마을 어귀에 판자로 '자령지동'이라 쓰임.
	괴물:	쥐 모습의 요괴. 긴 수염에 새부리의 모습을 한 이들
제3섬	경관:	나무와 풀이 전혀 없고 돌벽만 층층이 존재함. 뾰족하고 높은 바위가 있고, 그 정상은 평평하나 여기에 올라간 사람은 실종됨.
	괴물:	머리가 가마솥만 한 흰 뱀
제4섬	경관:	해안을 따라 둘러보면 숲속에 시냇물이 흐름. 시냇가에서 쌀과 고기, 소금을 얻음.
	특징:	동해의 신 '약'을 만남.
제5섬 신명동	경관:	사방이 평평하고 가운데에 큰 산이 있음. 산에는 하늘까지 솟은 큰 나무가 있고, 바위가 두 쪽으로 갈라져 있음. 돌 비석에 '신명동'이라 쓰임.
	괴물:	원숭이 모습의 요괴
제6섬 여인국	경관:	민가가 번성하고 집과 가축, 시장이 있음.
	괴물:	아름다운 여인으로 보이나 실은 늙은 구미호의 정령
제7섬	경관:	사람, 새, 짐승 모두 없는 작은 섬. 돌벽 사이에서 불어오는 자색 안개 같은 기운에 아군이 중독되어 눈을 뜰 수 없음. 주인공 일행이 옥새를 발견함.
	괴물:	십여 길(약 24m-30m)쯤 되는 금빛 지네
제8섬	경관:	섬 가운데 옥으로 깎아 세운 듯한 봉우리 아래에 전각이 한 채 있음. 경관이 화려하고 좋은 향취가 진동함.
	특징:	서해 용왕인 '광덕왕'을 만남.
제9섬 귀도	경관:	음침하고 기운이 막혀 귀신의 섬 같음. 지형이 험악하고 바위는 첩첩한데 수풀에서 새 울음과 원숭이의 휘파람만 들림.
	괴물:	① 짐승 모습의 귀신, 뱀의 몸을 한 귀신, 머리가 셋인 귀신, 뿔 달린 귀신이 끝없이 몰려오는데 이들은 사람과 바다생물을 많이 잡아먹은 바다의 잡귀임. ② 요괴 '천리안'과 '순풍' 등장.

〈천하도〉를 모티프로 하여 『태원지』의 공간을 새로 그려본 지도

이 그림은 조선 시대 유행했던 〈천하도〉[2]를 모티프로 하여 『태원지』의 공간을 새로 그려본 지도입니다. 당시 사람들이 인식한 세계는 오늘날의 메르카토르 지도와는 전혀 다른 모습이었습니다. 세상의 중심인 중국과 그 주변을 둘러싼 바다, 그리고 바다 너머에는 여러 나라가 둥글게 자리할 것이라 생각했죠. 『태원지』 역시 조선 시대 작품이니, 작가도 〈천하도〉를 바탕으로 괴물과 신들이 사는 아홉 개의 섬과 신대륙 태원을 상상하지 않았을까요?

『태원지』는 장편 소설인 만큼 인물·사건·배경의 규모가 아주 방대합니다. 새로운 섬에 도착할 때마다 만나는 괴물들의 특징, 이를 퇴치하는 신묘한 도술과 도구, 주인공 일행의 서사만 간추려도 이야깃거리가 넘쳐나지요. 언젠가 이 재미있는 소설에 대해 더 깊게 고찰할 기회가 있길 바라며 이 장에서는 '괴물의 공간'에 집중해 보겠습니다.

주인공인 임성과 종황, 그리고 그의 부하들이 두 번째 섬 자정동에 닿았을 때의 이야기입니다. 이들이 처음부터 이 섬을 목적지로 정한 것은 아니었습니다. 바람에 이끌려 어쩔 수 없이 가게 되었죠. 이들은 섬을 순찰하던 도중 마을 하나를 발견합니다. 마을 어귀에는 자령지동(子靈之洞)이라고 새겨진 비석과 돌로 만든 집 한 채가 있었습니다. 이곳을 지키는 사람들은 수염이 길고 입이 뾰족하게 튀어나온 모습이었는데, 알고 보니 이들은 모두 쥐 요괴였고 한밤중에 임성 일행을 기습 공격합니다.

날이 밝자 마을은 큰 바위 하나를 제외하고는 집 한 채 없이 싹 사라져 있었습니다. 귀신이 곡할 노릇이죠. 하지만 종황은 바위 아래에 요괴의 소굴이 숨어 있음을 눈치채고 도술로 소탕합니다.

상자 뚜껑을 열자, 얼굴이 흰 고양이 50마리가 뛰쳐나와 그들을 다 물어뜯어 죽였다. 죽은 것을 자세히 보니 모두 쥐였다. 흰옷 입은 사람은 소만 한 쥐로 등에 금줄이 있었고, 다른 것들은 모두 돼지 크기만 하였다. 종황이 그 정체를 알고 미리 고양이 가죽을 감추어 와서는 부적을 이용하여 신통한 고양이로 변하게 한 것이었다. … 중략 …
"십이지에서 '자(子)'는 쥐를 뜻합니다. 굴 이름이 '자령지동'인 것은 이곳이 영물이 된 쥐의 소굴이기 때문입니다. 이 쥐들이 여기 머물며 수백 년을 지내다 보니 신통하게 요술을 부릴 수 있게 된 것입니다. 바다에는 괴이한 짐승과 영물이 많다고 들어 미리 그들을 물리칠 몇 가지 술수를 준비하였는데, 과연 제 생각에서 벗어나지 않았습니다."

요괴를 퇴치하고 다음 섬, 또 그다음 섬으로 이동하던 주인공 일행은 어느덧 여섯 번째 섬 '여인국'에 도착합니다. 여인국은 그 자체로도 대단히 매혹적이며, 여왕의 궁전은 더욱 황홀합니다. 성 안은 푸른 기와, 금빛 벽이 이어져 있고 커다란 전각은 은빛 난간과 구슬 계단이 빛을 냅니다. 여왕의 시녀들은 백옥으로 만든 잔, 유리 쟁반, 보배로운 그릇에 특이한 음식과 아름다운 술을 차려 내오지요. 주인공 일행도 인간 세상에서 보기 드문 광경에 곧 녹아들어 갑니다. 일행이 여인들의 미모에 홀려 "모두 정을 가득 담은 눈길로 쳐다보며 곡진하고 애틋한 마음을 품고 있었다"는 대목은 실소를 자아냅니다.

하지만 여왕과 식솔들은 각각 꼬리가 일곱, 다섯, 셋인 여우였고 시녀 역시 늙은 여우였습니다. 여우 무리가 일망타진되는 순간, 아름다웠던 궁전과 성곽은 썩은 나무 등걸과 돌무더기로 변하였고 금과 옥으로 된 그릇은 사람의 해골, 게와 조개 껍질로 되돌아갑니다. 푸른 섬도 가시덤불로 변하였고 섬에 있었던 촌락들도 흙덩이와 수풀로 변해 아무것도 없이 텅텅 비어 버렸습니다. 그들의 아름다웠던 공간은 모두 거짓일 뿐이었죠.

괴물은 우리 일상은 물론 세상의 바깥에도 존재합니다. 말 그대로 '어디에나' 있지요. 괴물의 공간도 인간 세계처럼 자연과 마을, 궁전을 품고 있습니다. 늘 어둡고 음침한 것만도 아니고요. 그러나 이 공간은 매혹과 위험이 공존합니다. 겉으로는 눈부시지만, 실은 괴물이 인간 세계를 흉내 내어 꾸며낸 껍데기에 불과하지요. 자세히 들여다보면 그 화려함 뒤엔 가짜라는 실체가 숨어 있습니다. 『태원지』는 이런 인위적 공간을 배경 삼아, 우리에게 환상과 진실 사이의 경계를 끊임없이 되돌아보게 합니다.

칼럼 ❶

〚 　우리 신과 괴물 이야기를 만날 수 있는 자료　 〛

이번 칼럼에서 소개할 자료는 저를 비롯한 연구자들이 많이 참고하는 것들입니다. 현대어로 번역된 책들도 꽤 있으니, 관심을 가지고 본다면 괴물 이야기의 다양성을 발견할 수 있을 것입니다.

◆

1. 삼국유사

　신과 괴물에 대해 기록한 우리나라의 가장 오래된 자료는『삼국유사』입니다. 고려 충렬왕 때인 1280년대 무렵에 일연(1206-1289) 스님과 제자들이 고조선에서 후삼국까지 3천여 년의 역사와 문화에 대해 정리한 책입니다. 한국의 역사, 지리, 문학, 종교, 언어, 민속, 사상, 미술 등을 아우르는 원천 자료로 널리 인용됩니다.

제1권	① 왕력(王曆) : 신라, 고구려, 백제, 가락 및 후삼국의 연대표 ② 기이(紀異) : 고조선에서 후삼국까지의 역사
제2권	② 기이(紀異) : 고조선에서 후삼국까지의 역사
제3권	③ 흥법(興法) : 삼국의 불교 수용과 그 융성에 관한 기록 ④ 탑상(塔像) : 탑과 불상에 얽힌 유래
제4권	⑤ 의해(義解) : 신라 고승들의 행적

| 제5권 | ⑥ 신주(神呪) : 신라의 신이한 승려에 관한 이야기
⑦ 감통(感通) : 불교의 영험함과 이에 감응한 이야기
⑧ 피은(避隱) : 은둔한 승려들의 이야기
⑨ 효선(孝善) : 부모에 대한 효도와 불교 윤리가 결합한 효행 사례 |

이 중 고대의 한반도에서 일어났다고 알려진 신비한 이야기는 대개 '기이'편에 담겨 있습니다. 무엇보다 '기이'편은 『삼국유사』 전체의 절반가량을 차지합니다.

『삼국유사』의 역주서(현대어로 번역한 후 이해를 돕는 주석을 붙인 책)는 1960년대부터 꾸준히 발간되었습니다. 여기서는 2000년대 이후 나온 책을 소개하겠습니다.

· 하정룡, 『(교감 역주) 삼국유사』, 시공사, 2003.
· 김원중, 『삼국유사』, 민음사, 2008.
· 박성규, 『해설 삼국유사』, 서정시학, 2010.
· 최광식, 박대재 역주, 『삼국유사』, 고려대학교출판부, 2014.

2. 어우야담

조선은 500여 년의 긴 역사를 가졌음에도 괴물 이야기를 다룬 문헌은 그리 많지 않습니다. 『논어』에는 유학의 성현인 공자가 '괴력난신(怪力亂神)', 즉 괴이한 것과 초월적인 힘, 세상을 어지럽히는 현상, 귀신에 대해 말하지 않았다는 구절이 있습니다. 이후로 오랫동안 괴력난신은

사람을 현혹하는 폐해로 인식되었죠.

그렇다 해서 이에 관한 호기심이 전혀 없었던 것은 아닙니다. 조선에서도 몇몇 유학자들은 당대 사람들이 즐긴 신기한 이야기를 귀담아듣고 이를 기록으로 남겼으니까요.

『어우야담』은 조선 중기 유몽인(1559-1623)이 편찬한 야담집입니다. 야담이란 실제 민간에서 떠도는 이야기를 기록하거나, 여기에 살을 붙여 더 재밌게 만든 것입니다. 저자 유몽인은 선조 때 장원급제했지만 광해군 때 관직에 뜻을 버리고 은둔했는데, 이 시기에 수집한 여러 이야기로 『어우야담』을 완성하였습니다.

이 책은 이본(異本, 문학작품의 여러 판본)이 30여 종에 이를 정도로 큰 인기를 끌었습니다. 현재 가장 대표적으로 읽히는 이본은 유몽인의 후손 유제한이 1964년에 여러 이본을 수집하여 정리한 『만종재본(萬宗齋本)』입니다. 『만종재본 어우야담』의 전체 구성은 다음과 같습니다.

1권 인륜편		효열, 충의, 덕의, 은둔, 혼인, 처첩, 붕우, 노비, 배우, 창기 등
2권 종교편		승려, 기독교, 무당, 영혼, 귀신, 금기, 풍수, 천명 등
3권 학예편		문예, 식견, 교양, 음악, 서화, 활쏘기와 말타기, 의약, 기예, 점복 등
4권 사회편		과거, 관직, 치부(致富), 음덕(陰德), 붕당(朋黨), 처사, 재앙, 도적 등
5권 만물편		천지, 초목, 동물, 바다생물, 고물(古物) 등

이 가운데 기이한 이야기는 종교편과 학예편에 주로 실려 있습니다. 그 시대 사람들의 입에 오르내리던 세간의 이야기를 기록한 『어우야담』은 당대의 가치관과 생각을 잘 보여주는 자료입니다. 『어우야담』의 번역본은 여러 종류가 있으며 그 중 일부를 소개합니다.

- 박명희 외 3인 역주, 『어우야담』, 전통문화연구회, 2003.
- 신익철 외 3인 역, 『어우야담』, 돌베개, 2006.
- 이민수 역, 『어우야담, 계서야담』, 올재클래식스, 2022.

3. 천예록

조선 중기 임방(1640-1724)이 편찬한 야담집으로 조선 시대의 신선, 귀신, 요괴, 이인(異人) 등 당대에 널리 회자되던 사람과 만물의 이야기를 담았습니다. '천예(天倪)'를 직역하면 '하늘의 가장자리'인데, 이 책에서는 인간과 신선의 영역 경계에서 신기한 사건들이 벌어지는 장소를 일컫습니다. 인간의 이성으로는 이해하기 어려운 현상과 이야기를 기록했다는 의미이죠.

『천예록』은 현재까지 6종의 이본이 있는 것으로 알려졌는데 모든 이본에 공통으로 실린 이야기는 62편, 일부 이본에만 등장하는 이야기까지 다 모아보면 83편까지도 꼽을 수 있다고 합니다.

『천예록』을 현대어로 번역한 책은 아래와 같습니다.

- 김동욱, 최상은 역, 『(완역) 천예록 개정증보판』, 명문당, 2003.

· 정환국 역, 『천예록』, 보고사, 2023.

4. 한국구비문학대계

한국인들이 어떤 이야기를 즐겨 했고, 오래 간직해서 전해 왔는가를 알고자 한다면 『한국구비문학대계』는 꼭 살펴봐야 할 자료입니다. 총 82권의 자료집과 3권의 부록으로 구성된 이 방대한 자료집은 입에서 입으로 전해진 전국의 설화, 민요, 무가(무당의 노래) 등을 망라하고 있어 문학은 물론 사회문화적으로도 높은 가치를 지닙니다. 현대의 문화예술 분야에도 영감을 주는 원천이고요.

이전에도 구비문학 자료를 수집하려는 시도는 꾸준히 있었습니다. 그러나 대학 국문과마다 각개전투 식으로 이루어진 경우가 대부분이라 학술적으로 활용하기에 불충분했습니다. 더군다나 시간이 갈수록 사라져가는 옛이야기와 노래들을 생각한다면 전국을 대상으로 한 조사가 간절한 상황이었죠.

1978년, 한국정신문화연구원(현재의 한국학중앙연구원)의 창립과 함께 대규모 프로젝트의 막이 오릅니다. 책임자 격인 조사위원은 해당 분야의 전문가로 24명을 선정했고 조사위원마다 적게는 대여섯 명, 많게는 수십 명의 보조 연구원을 두었습니다. 이들 모두 현지 사정을 잘 알고 방언에 능숙한 지역을 배정받았습니다.

『한국구비문학대계』는 방언은 물론, 구술자가 거듭 이야기하거나 부연하는 설명까지도 빠짐없이 채록한 형태입니다. 구술의 현장이 최대한 그대로 보이도록 말이죠. 다만, 이해하기 어려운 부분에는 연구자들이 주석을 붙여 두었습니다.

  이 프로젝트는 애초에 10년을 계획하였으나 약 6년간 전국의 40%를 조사하고 마무리되었습니다. 그리고 이를 바탕으로 앞서 소개한 자료집 82권과 부록 3권이 간행되었죠. 이후 2008년부터 10년간 초기 조사 때 놓쳤던 국내 지역과 우즈베키스탄, 카자흐스탄, 중국 길림성 등 해외 동포 거주 지역까지 포함하는 2차 조사를 시작했습니다. 그렇게 집대성한 자료가 총 56편에 달하는 『증편 한국구비문학대계』입니다.

  1차 조사 사업의 결과물인 음성 녹음 파일과 새롭게 조사한 결과물은 현재 디지털화되어 온라인으로 서비스되고 있습니다. 『한국구비문학대계』의 실물 서지 정보와 웹사이트는 다음과 같습니다.

- 『한국구비문학대계』, 한국정신문화연구원, 1980-1992.
- 『증편 한국구비문학대계』, 역락, 2013-2019.
- 한국구비문학대계 https://gubi.aks.ac.kr/web/

【 참고문헌 】

단행본

간보 저, 임동석 역주,『수신기』, 동서문화사, 2011.
강상순,『귀신과 괴물 – 조선 유교 사회의 그림자』, 소명출판사, 2017.
곽재식,『한국 괴물 백과(개정판)』, 워크룸프레스, 2024.
박용식 역주,『한국고전문학전집 16 : 금방울전, 김원전, 남윤전, 당태종전, 이화전, 최랑전』, 고려대학교 민족문화연구소, 1995.
손진태,『한국 민족설화의 연구』, 을유문화사, 1954.
오상학,『천하도 – 조선의 코스모그래피』, 문학동네, 2015.
유몽인 저, 신익철 외 3인 옮김,『어우야담』, 돌베개, 2006.
이찬수 외 7인,『우리에게 귀신은 무엇인가』, 모시는사람들, 2010.
이후남,『한국고전소설의 요괴』, 한국학중앙연구원출판부, 2022.
임석재,『한국구전설화:충청남북도 편(임석재전집 6)』, 평민사, 1990.
임치균, 배영환 옮김,『태원지』, 한국학중앙연구원출판부, 2010.
정재서 역주,『산해경』, 민음사, 1996.
최삼룡, 이월령, 이상구 역주,『한국고전문학전집 24 : 유충렬전, 최고운전』, 고려대학교 민족문화연구소, 1996.

연구논문

강문종,「한문본〈태원지(太原誌)〉연구」,『고소설연구』42, 한국고소설학회, 2016.
강상순,「조선 전기 귀신 이야기에 잠복된 사회적 적대」,『민족문화연구』56, 고려대학교 민족문화연구원, 2012.
강상순,「괴물은 무엇을 표상하는가 – 한국 고전서사문학 속의 괴물」,『우리어문연구』55, 우리어문학회, 2016.

곽재식, 최서희, 「조선왕조실록 소재 괴물 이야기에 대한 연구」, 『인문콘텐츠』 52, 인문콘텐츠학회, 2019.

권정은, 「조선후기 귀신 이야기와 그림의 실현 양상 및 특징 - '천예록'의 신이담과 각종 도상을 중심으로」, 『새국어교육』 127, 한국국어교육학회, 2021.

권혁래, 「일제강점기 설화·동화집 수록 지하국 대적퇴치담의 환상성 연구 - 인물, 공간, 해결방식을 중심으로」, 『온지논총』 38, 온지학회, 2014.

김서준, 「영상 콘텐츠 속 한국 괴물 캐릭터의 시대별 특징 분석」, 건국대학교 석사학위논문, 2021.

김선현, 「〈도랑선비 청정각시〉에 나타난 경계 공간의 서사적 함의」, 『구비문학연구』 44, 한국구비문학회, 2017.

김선현, 「표류하는 여성 괴물 : 『태원지』 속 여성 괴물의 형상과 의미」, 『민족문학사연구』 77, 민족문학사연구소, 2021.

김선현, 「바다 밖 존재에 대한 상상 - 『태원지』에 재현된 타자」, 『해양문화재』 17, 국립해양문화재연구소, 2022.

김용기, 「〈태원지〉의 해양 표류와 도서간 이동의 의미 - 영웅의 자아실현을 중심으로」, 『도서문화』 41, 도서문화연구원, 2013.

김인회, 「〈태원지〉의 MMORPG 콘텐츠화 가능성 탐구 - 세계관과 공간의 제시를 중심으로」, 『동양고전연구』 68, 동양고전학회, 2017.

김정숙, 「조선시대 비일상적 상상력 - 요괴 및 지옥 형상의 來源과 변모」, 『한문학논집』 35, 근역한문학회, 2012.

김정숙, 「조선시대의 異物 및 怪物에 대한 상상력, 그 원천으로서의 『山海經』과 『太平廣記』」, 『일본학연구』 48, 단국대학교일본연구소, 2016.

김혜정, 「〈삼두구미본〉에 나타난 신의 성격과 서사 형성 배경 고찰 - 선악의 재정립 과정을 중심으로」, 『고전과해석』 22, 고전문학한문학연구학회, 2017.

문형준, 「괴물서사란 무엇인가? - 괴물서사에서 파국서사로 나아가기 위한 일곱 개의 단편」, 『비교문화연구』 50, 경희대학교글로벌학술인문원, 2018.

신동흔, 「무속신화를 통해 본 한국적 신 관념의 단면」, 『비교민속학』 43, 비교민속학회, 2010.

신동흔, 「고전서사에 나타난 지하세계의 형상과 의미」, 『국어국문학』 192, 국어국문학회, 2020.

안상훈, 「러시아의 지하국대적퇴치 민담에 관한 고찰 - 「세 개의 지하왕국」 (cyc301)을 중심으로」, 『슬라브학보』 27(4), 한국슬라브유라시아학회, 2012.

오현화, 「한국 온라인 게임(MMORPG) 속 괴물 서사의 전략 및 구조 - 괴물 캐릭터의 작동 원리 및 형상화 방식을 중심으로」, 『인문사회 21』 7(2), 인문사회 21, 2016.

류정월, 「〈삼두구미본〉에서 외부의 내부화와 내부의 외부화」, 『한국고전연구』 56, 한국고전연구학회, 2022.

이명현, 「〈태원지〉의 서사적 특징과 대중문화적 가치 - 게임 스토리텔링과의 유사성을 중심으로」, 『동아시아고대학』 39, 동아시아고대학회, 2015.

이부희, 「구비설화에 나타난 식인 모티프의 양상과 의미 연구」, 건국대학교 석사학위논문, 2017.

이승민, 「한국 구비설화 속 괴물의 양태와 콘텐츠화 전망」, 건국대학교 석사학위논문, 2016.

이후남, 「고전소설에 나타난 지하국 대적 연구」, 『영주어문』 41, 영주어문학회, 2019.

임치균, 「〈태원지〉 연구」, 『고전문학연구』 35, 한국고전문학회, 2009.

홍현성, 「〈태원지〉 시공간 구성의 성격과 의미」, 『고소설연구』 29, 한국고소설학회, 2010.

기타

『한국구비문학대계』, 한국학통합플랫폼(https://kdp.aks.ac.kr/gubi)

2장
슬픈 원귀는 구천을 떠돌고

1
원귀의 탄생과 소멸

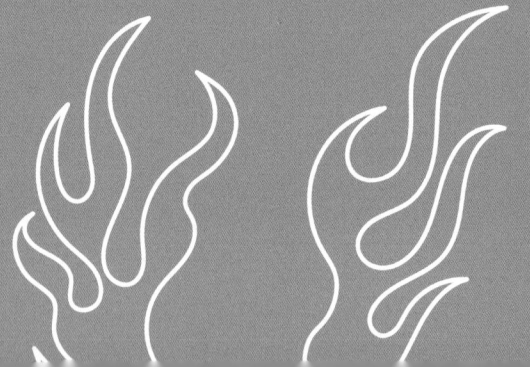

🔥 원귀가 되는 조건

원귀(冤鬼)는 원한이 남아 저승에 들어가지 못한 귀신이라는 뜻으로, 우리의 옛이야기에서 비중 있게 등장합니다. 앞서 귀신은 인간과의 관계에 따라 귀(鬼)와 신(神)으로 나눌 수 있다고 말한 것이 기억나나요? 원귀는 산 사람에게 해를 끼치는 '귀'의 속성을 보여줍니다. 주로 사람이 죽어 원귀가 되지만, 때에 따라 동물 역시 원귀가 되기도 합니다.

원귀가 되는 선행요소는 비정상적인 죽음입니다. 정해진 수명을 다하지 못하고 뜻밖의 일로 생명을 잃거나 스스로 목숨을 끊는 경우이지요. 전쟁, 천재지변, 질병, 맹수와 독충, 도적, 굶주림, 난산…. 조선의 평균 수명이 35세 내외였다고 하니, 현대에서는 별로 문제 되지 않는 일도 당시에는 목숨을 위협하는 시련으로 다가왔을 것입니다.

전통사회에서는 사람이 태어나 성장하고, 결혼하여 자식을 낳고 수명대로 살다 가는 것을 일반적인 삶이라고 생각했습니다. 그리고 이 흐름을 벗어나면 그 삶에 한(恨)이 서릴 수 있다고 여겼습니다. 일례로 결혼을 못하고 죽은 이는 손각씨(처녀 귀신), 몽달귀신(총각 귀신)이 된다는 이야기를 한 번쯤 들어보셨을 겁니다. 또한, 자녀 없이 죽는다면 제사를 지내 줄 후손이 없기 때문에 혼령이 이승을 떠돈다고 생각했습니다. 집에서 자손들이 지켜보는 가운데 죽지 못하면, 즉 집 밖에서 사고, 타살 등으로 급작스럽게 죽으면 객귀(客鬼)가 된다고도 했습니다.

결국 전통사회에서 추구하는 삶의 단계를 잘 실현하면서 사는 것이 '정상적', '안정적'이라는 생각에서 출현한 존재가 바로 원귀입니다. 결혼도 출산도 선택인 오늘날의 관념에서 보면 선뜻 동의가 되지 않을 수도 있겠습니다. 하지만 어째서 어르신들이 젊은 세대에게 기존의 질서를 그토록 강조하는지 조금은 이해가 되지 않습니까? 전통적 가치관을 가진 사람 눈에는, 비혼과 무자녀란 '보편적이지 않다'라는 관념을 넘어 한을 품고 죽을 수도 있는 위험한 모습인 겁니다.

"아니, 내가 지금 행복하다는데 대체 웬 오지랖?"

어떤 분은 이런 말이 절로 나올지 모르겠습니다. 그러나 어디까지나 우리의 옛 관념 안에서 그러하다는 것이니 부디 화내지 않길 바랍니다.

따지고 보면 평범한 일생을 보내기란 꽤 어려운 일입니다. 우리는 피할 수 없는 크고 작은 일들 속에서 늘 살아갑니다. 때로는 '오늘 하루를 무사히 마쳐서 감사하다'는 생각이 들기도 하지요. 그래서 옛이야기에는 수없이 많은 원귀가 나타나는지도 모르겠습니다. 억울하게 죽는 경우가 생각보다 많고, 누군가 또는 무엇인가를 단 한 번도 원망하지 않고 사는 사람은 무척 드물 테니까요.

🔥 위로가 필요한 존재

　옛사람들은 원귀의 원통함이 쌓여서 화가 되고, 그 화는 결국 산 사람에게 되돌아온다고 여겼습니다. 전염병이 돌거나 가뭄이 들어도, 오한이 들며 입맛이 없어져도 원귀를 떠올렸죠. 그렇다면 원한으로 저승에 가지 못하고 이승에 남은 원귀들은 어떻게 해야 소멸될까요? 원귀를 퇴치하는 특별한 무기나 주문이 있을까요? 우리 설화 속의 원귀들은 그런 것으로 사라지지 않습니다. 이들을 원래 있어야 할 곳으로 돌려보내기 위해서는 원한의 내용을 어떤 방식으로든 풀어줘야 합니다. 억울한 사건에 휘말렸거나, 모함으로 죽은 원귀라면 시시비비를 가려 가해자를 처벌할 수 있을 겁니다. 만약 그것이 어렵다면 적어도 원귀의 이야기를 잘 들어주고 달래줘야 합니다.

　옛사람들은 괴물을 물리쳐서 없애야만 하는 대상으로 여기지만은 않았습니다. '핑계 없는 무덤 없다'라는 속담을 들어본 적이 있을 것입니다. 아무리 큰 잘못을 저지른 사람도 나름의 이유가 있다는 의미인데요. 우리 이야기에는 '핑계 있는' 괴물이 꽤 많습니다. 특히 원귀 이야기가 그렇습니다. 원귀는 지독한 원한에 사무친 나머지 저승에도 가지 못하고 이승에 남아 산 사람을 괴롭히는데 알고 보면 짠한 사연이 있습니다. 그러니 속사정을 잘 들어주고 위로해야 한다고도 생각했죠.

　귀신마저도 가엾고 불쌍하게 여기는 사고의 바탕에는 이 세상이 언제나 합리적이고 공정하게만 운용되는 것이 아니라는 인식이 깔려 있습니다. 인간은 법과 질서로 사회를 유지하려 하지만 그 틈에서 소외되는 사람은 언제나 있기 마련이죠. 안타깝고 억울하게 목숨을 잃기도 다반사고요. 그러니 우리는 죽은 자의 원혼을 마냥 없앨 것이 아니라 무슨 사정인지 한 번 들어나 보자는 포용적인 입장을 자연스럽게 가진 듯합니다.

2
원귀의 형상

🔥 소복을 입고 산발한 여인

원귀라고 하면 우리는 아마도 이런 모습을 떠올릴 겁니다.

긴 생머리의 여성이며 소복을 입었다. 얼굴이나 옷에 피가 묻어 있을 때가 있다. 치마 아래로 발이 보이지 않는다.

그런데 원래 소복은 죽은 자의 옷이 아닙니다. 망자의 몸을 닦고 옷을 입혀주는 염습에서 가장 화려하고 좋은 옷을 택하는 것이 조선의 풍습이었습니다. 당시의 양반 무덤에서는 남자의 경우 벼슬길에 오를 때의 관복, 여자의 경우 혼례복이 유물로 출토되곤 합니다. 평민도 옷감의 질이나 가짓수는 다소 부족할지언정 망자가 가진 것 중 좋은 옷을 입혀 묻어주었습니다.

그렇다면 고전 작품에서는 원귀가 어떤 차림새로 등장할까요? 조선 시대의 한글 소설 『장화홍련전』의 한 장면입니다.

부사가 객사에서 촛불을 밝히고 주역을 읽고 있었다. 밤이 깊자 문득 찬 바람이 일어나 정신이 아득하여 어찌할 줄 모르는 중에, 난데없는 한 미인이 녹의홍상(綠衣紅裳)으로 홀연히 문을 열고 들어와 절하는 것이었다. 부사가 정신을 가다듬고 "너는 어떠한 여자인데 이 깊은 밤에 들어왔는가?"하고 묻자, 그 미인이 몸을 일으켜 다시 절하며 "소녀는 이 고을 사는 배좌수의 딸 홍련이온데, 지극한 원한이 있어 외람되게 들어왔습니다"하고 답하였다.

한밤중에 부사 앞에 나타난 홍련의 원귀는 녹의홍상, 즉 녹색 저고리에 붉은 치마를 입은 미인입니다. 게다가 외형이 산 사람과 차이가 없다는 점은 "너는 어떠한 여자인데 이 깊은 밤에 들어왔는가?"하는 부사의 질문에서도 알 수 있지요.

1936년에 영화로 제작된〈장화홍련전〉에서도 이와 같은 이미지를 마저 유추할 수 있습니다. 현재는 흑백 스틸컷만 남아있지만 저고리 깃과 고름, 치마의 음영으로 볼 때 확실히 소복 차림은 아닙니다. 그러나 1972년 영화〈장화홍련전〉포스터에서는 머리를 풀어헤치고 소복을 입은, 우리가 아는 원귀의 이미지로 등장합니다. 그 사이에 어떤 일이 있었던 것일까요?

식민지 시대의 원귀

소복을 입고 산발한 여인 이미지의 연원을 찾아 올라가 보면 조선총독부의 기관지『매일신보』에서 실마리를 잡을 수 있습니다. 이 신문은 괴담을 본격적으로 다룬 첫 매체인데, 1927년에「괴담」란을 신설한 뒤부터 1930년에는「괴기행각」, 1936년에는

홍개명 감독, 영화 〈장화홍련전〉, 1936.

이유섭 감독,
영화 〈장화홍련전〉, 1972.

한 면 전체에 「괴담특집」을 연재하기도 했습니다.

또한 특이한 점은 『매일신보』의 「괴담」에는 귀신, 도깨비, 기이한 사건에 대한 삽화가 매회 포함되어 있었다는 것입니다. 어렴풋한 상상 속의 괴물들이 이제 인쇄 매체를 타고 시각적으로 전달되기 시작했습니다. 이 과정에서 '귀신은 이렇게 생겼고, 도깨비는 이런 모습이고….' 하는 정형화가 일어났을 가능성도 배제할 수 없습니다. 다음 페이지의 두 삽화에서도 소복을 입고 산발한 원귀의 모습이 보입니다.

한국과 일본 미술의 역사를 비교 연구해 온 이미림 선생님은 긴 머리에 흰옷을 입고, 발이 없는 여자 유령의 모습은 일본 에도 시대(1603-1867)의 화가 마루야마 오쿄(圓山應擧, 1733-1795)의 유령화에서 비롯됐다고 합니다. 그리고 이 유령화는 이후 일본의 유령 이미지에 큰 영향을 줍니다. 게다가 19세기 후반 메이지 시대에는 컬러 인쇄된 요괴 그림이 싼 값에 보급되며 대중에게 크게 유행하기도 했습니다.

이렇게 형성된 일본 유령의 모습이 조선으로 건너와 신문, 잡지를 통해 점차 대중적으로 형상화되었다는 것이 학계의 의견입니다. 귀신마저 일본의 영향을 받았다니, 문화는 결국 역사와 사회를 반영한다는 생각이 들면서도 서글픔이 남습니다. 우리 것을 찾기 위한 세심한 노력이 여전히 절실하게 느껴집니다.

매일신보, 「괴기행각-수동이의 죽엄(5)」, 1930.

매일신보, 「괴담(제3석)-묘지이변」, 1936.

마루야마 오쿄, 〈유령도〉, 18세기.　　　　　마루야마 오쿄, 〈오유키의 유령〉, 18세기.

🔥 죽었을 때의 모습 그대로

우리가 잘 알만한 원귀 이야기로는 위에서 언급한 『장화홍련전』이 있습니다. 억울하게 죽은 여인이 원통함을 호소하고자 귀신이 되어 고을의 수령 앞에 나타나고, 이에 놀란 수령이 연이어 죽어 나가서 결국 이 지역에 부임하려는 사람이 없어지는 지경에 이르지요. 이즈음 담력 있는 한 사람이 자원하여 새 수령으로 오고, 원귀의 이야기를 들은 후 그의 원한을 해소해 줍니다. 그러자 원귀는 사라지고 마을은 다시 평안을 찾는다는 줄거리입니다.

이 이야기의 초기 형태는 조선 중기의 문신 조광원(1492-1573)이 등장하는 〈신기원요(伸妓寃妖: 죽은 기생의 원한을 풀어주다)〉와, 밀양에서 전해지는 〈아랑 설화〉입니다. 두 이야기는 모두 남성에게 겁탈당해 죽은 여인이 고을의 수령에게 자신의 억울함을 호소한다는 내용인데요. 여기서 이 여인들이 어떠한 모습으로 나타나는지 보겠습니다. 먼저 『대동기문』과 『명엽지해』에 수록된 〈신기원요〉입니다.

밤이 되자, 한바탕 음산한 바람이 불어와 촛불이 거의 꺼질 듯했다. 대들보 사이에서 판자를 뜯어내는 것 같은 격한 소리가 나더니 갑자기 사람의 팔다리가 뚝 떨어졌다. 연이어 가슴과 배, 머리와 얼굴이 떨어지더니 저절로 이어지며 온전한 여인의 모습이 되었다. 이 여인은 피부가 눈처럼 희고, 온통 붉은 핏자

국뿐인데 얇은 천으로 벌거벗은 몸을 가린 채 흐느끼며 조공 앞을 돌아다녔다.

조광원에게 나타난 여인의 모습은 실로 끔찍하고 괴기스럽습니다. 토막 난 신체가 하나씩 눈앞에 떨어지는 것도 모자라 다시 한데 합쳐지는 모습이라니요. 어떤 사연이 있는 여인이기에 이런 모습으로 출현한 걸까요?

이 여인은 기생이었습니다. 어느 날 밤, 그녀는 관가의 노비에게 겁탈당할 위기에 처합니다. 노비는 강렬하게 저항하는 여인을 돌로 눌러 죽인 후 사지를 찢어 땅에 묻었습니다. 『한국구비문학대계』에 실린 밀양의 〈아랑 전설〉에서도 아랑은 "온몸에 피를 흘리며 머리를 풀어 뜨리고" 원님 앞에 나타납니다. 각편에 따라 "피를 흘리며 목에 칼을 꽂은" 모습이기도 합니다. 아랑 역시 겁탈을 피하려다 칼에 사지가 난도 당한 채 목숨을 잃었기 때문입니다. 이처럼 원귀들은 대개 자신이 죽은 당시의 모습 그대로 이승을 떠돌고, 사람들 앞에 나타나곤 합니다.

처참한 원귀의 모습을 묘사한 이야기를 몇 개 더 소개하겠습니다. 전쟁 탓에 죽은 원귀들의 이야기인 『달천몽유록』과 『강도몽유록』입니다. 『달천몽유록』은 임진왜란(1592-1598)으로 목숨을 잃은 병사들의 한을, 『강도몽유록』은 병자호란(1636-1637)때 강화도가 함락되자 자결한 여인들의 한을 그린 고전소설입니다.

장정들이 몰려오며 울부짖는데 그 형체만 겨우 분간할 수 있었다. 머리가 없는 자, 오른팔이 잘린 자, 왼팔이 잘린 자, 혹은 왼발이나 오른발이 잘린 자도 있고, 허리 위는 남았으나 다리가 없는 자, 다리는 있으나 허리 위가 없는 자도 있었다. 배가 빵빵하게 부풀어 올라 비틀거리는 자는 아마도 물에 빠진 자이리라. 머리카락을 얼굴에 온통 풀어 헤치고, 비린내 나는 피를 쏟아내는 그 참혹한 모습을 차마 볼 수가 없었다. 그들이 하늘을 향해 한번 울부짖고 가슴을 두드리며 통곡하니 산이 흔들리고 흐르는 물도 멎는 듯했다.

밤중이 되자 바람을 타고 소리가 들려오는데 여자들의 노랫소리와 울음소리, 웃음소리였다. … 중략 … 선사가 더 다가가 자세히 살피니 밧줄에 머리가 묶이거나 한 자가 넘는 시퍼런 칼날에 피가 엉긴 채 뼈에 박힌 이가 있었다. 또 머리통이 모두 부서진 이, 물을 잔뜩 들이켜 배가 불룩한 이도 있었다. 이 끔찍하고 애처로운 모습을 두 눈으로 보기 어려웠고, 낱낱이 기록할 수도 없었다.

원귀들의 모습은 전쟁의 참상을 사실적으로 반영합니다. 신체가 잔혹하게 훼손되어 목숨을 잃은 데에는 성별을 가리지 않습니다. '이렇게까지 묘사한다고?' 싶을 수도 있겠지만, 원귀들이 겪은 고통과 마음에 쌓인 원한의 무게를 현실의 사람들에게 그대로 보여주려면 이렇듯 강렬한 표현이 필요했을 것입니다.

⚜ 괴이한 형상으로 드러내는 존재감

조선의 학자 성현(1439-1504)이 쓴 『용재총화』에는 모습을 보이지 않은 채 집안을 난장판으로 만든 귀신 이야기가 있습니다.

갑자기 어떤 것이 문밖에 서 있던 종의 등에 들러붙었다. 종은 견딜 수 없이 무거워서 그것의 정체를 살피려 했으나 눈에 보이지 않았다. 한참 지나서 그것이 떨어지자 땀이 온몸을 적셨다. 이후로 괴이한 일이 많았다. 밥을 지으려고 하면 솥뚜껑은 그대로 덮여 있는데 솥에 똥이 가득 차 있고 밥알은 뜰에 흩어지고, 소반과 사발이 공중에 던져졌다. 혹은 큰 솥이 공중에서 돌면서 소리를 냈는데 마치 큰 종소리 같기도 했다. 밭에 심은 채소가 몽땅 거꾸로 되어 삽시간에 말라버리기도 했다. 옷장을 자물쇠로 잠가 놓았는데도 옷이 모두 꺼내져 들보 위에 널리고, 옷마다 전부 올챙이 모양의 글씨가 적힌 광경이 펼쳐지기도 했다. 어느 날은 사람이 없는 아궁이에서 갑자기 불꽃이 번득이는데, 누가 불을 끄면 문간방으로 불이 옮겨붙어 몽땅 태워버리는 일도 벌어졌다. 이런 이유로 이 집을 버리고 사람이 살지 않은 지 여러 해가 되었다.

성현은 민간에 떠돌던 이 이야기를 소개하면서, 원귀가 종의 몸에 붙어서 집으로 들어온 뒤 주인에게 저주를 내렸다는 내용을 전합니다.

신체 일부만 나타나는 원귀도 있습니다. 역시 『용재총화』에 실린 이야기입니다. 이 귀신은 죽은 지 10년이 된 집안의 고모였습니다. 귀신은 아침저녁으로 밥을 요구하고 조금이라도 뜻대로 되지 않으면 노발대발했습니다. 숟가락을 들고 밥을 먹는 모습은 보이지 않았지만 음식은 저절로 사라집니다. 무엇보다 "허리 위로는 형체가 보이지 않았고 허리 아래로 종이를 둘러 치마로 삼았는데 두 다리가 옻나무처럼 바짝 여위어 살은 하나도 없고 뼈뿐"이었다고 합니다. 다리가 왜 이러냐고 사람들이 물으니 귀신은 "죽은 지 오래된 지하 세계 사람이 다 이렇지 않겠느냐"고 했다는데요, 귀신의 형체에 대한 옛사람들의 상상력을 엿볼 수 있는 대목입니다.

3
원귀가 나타나는 방법

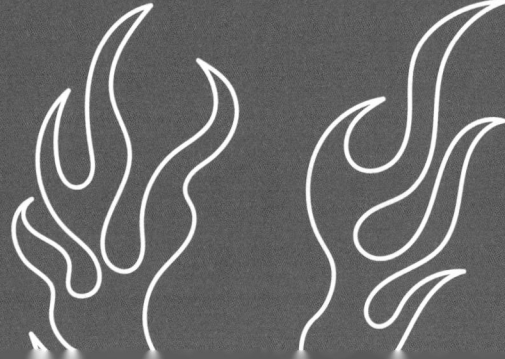

🔥 산 사람에게 빙의하는 원귀

간혹 귀신과 관련된 수업을 하다 보면 이런 질문을 받을 때가 있습니다.

"갑자기 악귀한테 빙의되면 어떻게 하나요?"

저는 꽤 단호하게 답변합니다.

"그런 경우는 드뭅니다. 귀신은 소통 가능한 무당을 찾아가지, 말도 안 통하는 아무한테나 가지는 않거든요."

서양의 기독교적 사고관에서는 평범하게 살던 누군가에게 어느 날 사탄이 씌고, 구마의식으로 이를 퇴치하는 것이 익숙할지 모르겠습니다. 드라마 〈악귀〉(SBS, 2023), 예능 〈엑소시스트〉(tvN, 2012) 등도 이러한 상상을 토대로 제작한 콘텐츠이지요. 그러나 우리 옛이야기에서는 영적 능력이 없는 일반인이 갑자기 원귀에게 빙의되는 사례는 찾기 어렵습니다. 빙의가 일어난다면 그 대상은 대개 무당이니까요.

원귀가 무당에게 빙의하여 나타난 이야기를 한 편 들려드리겠습니다. 『공사견문록』에 실린 조선의 정치가 김석주(1634-1684)에 관한 설화입니다.

김석주는 경신년(1680)에 허견의 반역을 고발한 공적으로 정승이 되었다. 김석주는 숙종 10년(1684) 9월 20일 사망했는데, 얼마 후 그의 영혼이 실렸다는 평안도 무당이 나타났다. 이 무당은 그 집안의 세세한 일을 꿰고 있었으며 김석주가 지은 글을 모두 외웠다. 그래서 김석주의 후손들은 이 무당을 데리고 와 가까이에서 지내게 했다. 그런데 무당이 명당이라고 알려주는 곳은 실상 물에 잠기는 땅이었고, 절친한 친구를 악인이라 하고, 원수진 가문을 좋은 사람이라 하는 등 모두 집안을 망하게 하는 방향이었다. 후손들은 이를 깨닫지 못하고 무당이 지시하는 대로 따르다가 기사환국(1689)에 가문이 멸망하는 화를 당했다.

전해오는 말로는 세조 때 나라에 공을 세운 집안에 자칭 조상의 혼령이 내려왔다면서 화를 일으킨 일이 있었는데, 당시 사람들은 원수진 사람이 죽어서 신으로 깃들어 집안을 망치는 것이라고 했다. 김석주의 일도 경신년의 피해자 중 원한 맺힌 이가 원귀가 된 것은 아닐지 모른다.

김석주는 큰 부귀영화를 누린 당대의 세도가였습니다. 왕실의 외척이었고, 이야기 속 경신환국[1]에서의 공을 인정받아 종묘배향공신[2] 자리에까지 오릅니다. 서인이면서도 한때는 남인과 잘 지냈고, 그러다가 다시 남인의 역모를 고발하여 왕의 인정을 받으니 김석주의 정치 감각은 탁월함을 뛰어넘어 범접하기 어렵다는 생각마저 듭니다.

그러나 그의 사후, 다시 남인이 권력을 잡게 되자 김석주의 가문에는 피바람이 붑니다. 결국 그의 외아들은 자살하고 아내는 귀양을 가게 되는데요. 한 가문의 흥망성쇠 앞에서 사람들은 경신환국 때 억울하게 죽은 원귀들의 복수라고 추측한 것이죠.

김석주는 노련한 정치력으로 현생에서 승리했지만, 그로 인해 목숨을 잃은 원귀는 자신의 다음 생에 속임수까지 쓰며 치밀하게 반격했습니다. 조상의 혼령이 무당에 씌인 듯 믿게 한 후 끝내 집안을 망쳤으니 말입니다. 두 가문이 수 대에 걸쳐 얽히고설킨 이 설화를 보면, '인생 앞에서는 영원한 승자도, 패자도 없다'는 말이 여운을 남기며 입안을 맴돕니다.

🔥 어린아이의 원귀, 태자귀

어린아이의 혼백이 빙의된 예도 있습니다. 바로 태자귀가 실렸다고 하는 무당들입니다. 다음은 1927년의 사건을 훗날 다룬 『조선일보』의 기사입니다.

경북 안동에 살던 35세 무녀는 여덟 살 된 외동딸을 잃고 비탄 속에 지내다 갑자기 "죽은 외동딸의 귀신이 자신에게 옮아 붙었다"고 하였다. 무녀는 그 후부터 망령의 환상적인 소리를 듣기도 하고 그 소리를 자신이 낼 수도 있게 되었다. 당시 영덕 경찰서장은 이 무녀를 불러 실험을 하였다. 무녀는 수건을 벽에 걸고 죽은 딸 이름을 부르며 "이리 와, 이리 오너라" 하니까 허공에서 가냘픈 휘파람 소리 같은 기괴한 소리가 들려왔다. 그와 같은 소리를 낼 사람이 아무도 그 방에 없었음에도 말이다. 이 무녀는 그 환상의 소리와 대화를 하였고 경찰서장도 참 신기한 노릇이라고 기록했다.

위 신문에는 1930년에 있었던 무녀 고대업의 사례도 담겨 있습니다. 기사에 따르면, 고대업은 3천여 명의 신도를 거느리며 주로 일본에서 활동했고 태자귀가 낸다고 주장하는 소리로 무업을 하며 명도회라는 단체까지 조직했습니다. 일본 의학계의 원로인 기시 가즈타(岸一太)도 이 명도회의 신도였습니다. 그는 의사임에도 고대업을 믿고 적극적으로 지지했죠. 고대업은 신비한 공성(空聲)을 냈다고 전해지는데, 일본 동경제국대학교 의학부의 미야케 코우이치(三宅鑛一) 박사는 이 소리를 분석하고 다음과 같은 보고서를 남겼습니다.

고대업이 영혼과 대화하는 음성은 일종의 휘파람으로, 상하 두 입술 사이의 벌림을 둥글게 하여 내는 여느 휘파람 소리와 달리 ① 입술을 눈으로 알아보기 힘들 정도로 약하게 벌리고 ② 상하의 이빨을 가볍게 맞대고 ③ 혀는 아래턱 위에 정지시켜 가볍게 숨을 뱉거나 빨아들일 때 내는 소리다.

이 이야기를 조사하였던 이규태(1933-2006) 기자는 이후 고대 업의 소리를 실험실에서 다시 검증합니다. 진동수가 2000Hz 내외였다고 하는데, 2000Hz는 피아노의 '가온 다(피아노 건반 정중앙의 '도'음)'에서 3옥타브 위의 음, 또는 바이올린이나 플루트의 날카로운 고음역대에 해당합니다. 위의 사례들이 실제 태자귀로 인해 벌어진 것인지, 또는 혹세무민하는 무당들의 모습인지는 알 수 없지만 태자귀가 실존한다고 믿었던 당시의 문화를 엿볼 수 있습니다.

조선시대에도 태자귀에 관한 기록이 있습니다. 이익(1629-1690)이 『성호사설』에 남긴 '소아귀(小兒鬼)'에 관한 이야기입니다.

> 세상에 태자귀(太子鬼)가 있다는 말은 바로 소아귀(小兒鬼: 어린아이가 죽어서 된 귀신)를 지칭한다. 어린애가 죽으면 그 혼백이 다른 사람의 몸에 들러붙어서 죽은 혼이 요사스러운 말을 하는 듯하게 되는 것이다. 소아귀는 사람의 길흉과 먼 지방의 사정 같은 것을 묻는 자에게 빠짐없이 일러 준다.
> 추측건대 태자귀란 진나라의 태자 신생이 어려서 새어머니에게 살해당한 까닭에 그 이름을 따온 듯하다. 혼백이 사방으로 떠돌아다녀도 의지할 곳이 없으므로 누군가의 집 앞을 지나다가 "내 아우 아무개야", "아들 아무개야"라며 구체적인 이름을 부른다. 만약 그 집에서 대답하는 이가 있으면 바로 그에게 붙고, 대답하는 이가 없으면 오랫동안 이름을 부르며 애를 쓰다가 마지못해

다른 곳으로 떠나간다.

옛날에 들은 바로는, 우리 친척 중에 어떤 부인이 그 소리를 듣고 실없이 대답했더니 귀신이 붙어서 떠나지 않았다. 여러 방면으로 빌었으나 아무런 효과가 없고 나중에는 이것이 병이 되어 죽고 말았다 한다.

의지할 곳이 없어서 누군가의 이름을 한없이 부르는 태자귀가 무서우면서도 가엾습니다. 태자귀는 다른 문헌에서도 확인할 수 있습니다. 역사학자이자 민속학자인 이능화(1869-1943)가 지은 『조선무속고』에 따르면, 태자귀는 굶어 죽은 아이나 천연두에 걸려 죽은 아이의 영혼이 노파에게 붙은 것인데 새튼이(또는 새타니), 공징이, 태주, 명두라고도 불렸습니다. 또한 태자귀는 휘파람 같은 소리를 내고 사람과 소통하며 길흉화복을 영험하게 알려준다고도 합니다.

그렇기에 과거에는 무당 혹은 일부 영적 능력이 없는 일반인 노파가 태자귀를 일부러 본인에게 빙의시키기도 했습니다. 이능화는 이 책에서 다음과 같이 말합니다.

내가 호서·호남 지역 사람들 말을 들으니, 호남에는 태자를 모신 사당이 많고 시골 노파들 가운데 간악하고 교활한 자는 어린애 시체에서 손을 잘라 귀신이 붙도록 방법을 쓴 다음 몰래 주머니에 차거나 가슴에 달고 다니는데, 그렇게 하면 저절로 영이 나타난다고 생각한다. 이러한 술법으로 간혹 귀신이 붙은 사람도 있다고 한다.

이능화의 서술은 죽은 아이의 시체에서 손을 잘라 그것을 지니고 있으면 그 영이 붙는다는 민간의 속설을 보여줍니다. 더불어 이 이야기에는 수명을 다하지 못하고 어릴 때 죽은 아이는 원귀가 될 것이라는 옛사람들의 두려움도 깔려 있습니다.

태자귀를 부르는 자들

극단적으로는 일부러 태자귀를 만드는 사람들도 있었습니다. 『성호사설』에는 소아귀뿐만 아니라 주술의 도구로써 원귀를 이용하는 염매(厭魅)에 관한 이야기도 전해집니다. 이는 어린아이를 고의로 죽여 그 혼을 얻으려는 행위입니다.

남의 집 어린애를 훔쳐다가 일부러 굶기면서 죽지 않을 만큼만 먹인다. 가끔 좋은 반찬을 아주 조금만 주기도 했다. 결국 아이는 바짝 말라서 죽을 지경에 이르니, 음식만 보면 재빨리 집어 먹으려고 한다. 이 다음에는 대나무통에다 좋은 반찬을 넣어 놓고 아이를 꾀어서 그 속으로 들어가게 한다. 아이는 배불리 먹을 생각으로 발버둥치면서 대나무통을 뚫고 들어가려 한다. 이때 날카로운 칼로 아이를 번개처럼 찔러 죽인다. 그래서 아이의 정혼(精魂)이 대나무통 속에 뛰어든 후에는, 통의 주둥이를 꼭 막아서 정혼이 밖으로 나오지 못하게 만든다.

방법이 잔혹하기 이를 데가 없습니다. 이규태는 앞선 『조선일보』 기사에서 위의 인용문만큼이나 끔찍한 다른 방식도 소개하고 있습니다. 아이의 혼은 어릴수록 강하다는 믿음 때문에 어떤 이들은 영아를 납치해 굶겼습니다. 그리고 숨이 끊어지기 직전, 젖을 미끼로 유인해 손가락 마디를 자르고 주술적 도구로 삼았다고 합니다. 그 손가락에 아기의 정신과 욕구가 농도 짙게 집중되었기에 신통력이 강하다고 생각했던 것입니다.

무라야마 지준(1891-1968, 일본의 민속학자)이 조사한 조선의 풍속 중에도 어린 여아를 유괴하여 가두어 둔 후 대나무 꼬치에 주먹밥을 끼워 내밀고, 아이의 모든 정신력이 대나무 꼬치에 옮겨졌다고 생각됐을 때 뒤에서 칼로 해친 일이 있다고 합니다. 대나무를 향해 아이의 이름을 부르면 슬픈 목소리로 대답하고, 앞으로 벌어질 일에 대해 답을 알려줬다고 하지요.

이들은 왜 어린아이의 혼을 이용하려 했을까요? 두 가지로 생각해 볼 수 있습니다. 첫 번째는 역시 돈이겠죠. 1930년, 무녀 고대업은 명도회를 통해 56,900원 이상을 수취한 혐의로 기소됩니다. 당시 1원을 현재 5만원 정도의 가치로 환산하면 약 20억 원 이상의 수익입니다. 이는 조선시대에도 마찬가지였던 듯합니다.

그 대나무통을 가지고 세력 있는 큰 부잣집들을 찾아다니면서, 좋은 음식으로 아이의 귀신을 유인하여 여러 사람에게 병이 들게 한다. 이 귀신이 침범하면 모두 머리가 아프고 배도 아프다. 병자들이 낫게 해달라고 요구하면, 아이의 귀신을 유인하여 앓는 곳을 낫게 해주고, 그 댓가로 받은 돈과 곡식은 자기의 이익으로 삼는다.

『성호사설』에 실린 위 기록은 서늘한 슬픔을 안깁니다. 굶주려 죽은 아이의 원귀를 이용해 제 잇속을 차리다니. 돈 앞에 인간성마저 내던진 이들의 모습은 악귀라 불러도 부족하지 않습니다.

다음으로는 어린아이를 다스릴 수 있다는 어른의 오만함과 잔혹함입니다. 어린아이의 본능은 단순하고 원초적이기에 욕망으로 만들기 쉽습니다. 이 가엾은 아이들의 이야기에서는 먹고 싶고, 살고 싶은 본능 단 두 가지만 강렬하게 느껴집니다. 게다가 성인에 비해 작고 여린 신체는 처리하기에도 부담이 적었을 겁니다. 아이의 혼령이기에 어르고 달래기도 수월했겠지요. 실제로 태자귀가 실린 무당은 갖은 음식과 재미있는 놀이로 귀신을 즐겁게 하며 점을 본다고 합니다. 간혹 점괘가 틀리면 아이가 심술을 부린다며 양해를 구하기도 하고요.

원귀는 자신의 원한뿐 아니라 그를 잃고 남겨진 자들의 한까지 함께 짊어집니다. 어린 나이에 죽은 아이라면, 창창한 앞날을 잃은 본인의 슬픔 못지않게 부모의 비통한 마음까지 떠안게 되겠지요. 휘파람 같기도, 흐느낌 같기도 한 태자귀의 신비한 소리는 어린 혼이 품은 깊은 한에서 비롯된 울림이었을지도 모릅니다.

4
원귀는 이승에서 무엇을 하나

🔥 죽은 자는 잊지 않는다

복수 없는 세상이 가능할까요? 그렇다면 참으로 너그럽고 따뜻한 세상일 겁니다. 하지만 그런 세계를 이루려면 얼마나 깊은 인내와 절제가 필요할까요. 복수는 억울함을 견디지 못하는 인간의 본능이며, 때로는 정의라는 이름으로 정당화되기도 합니다.

앞서 본 『장화홍련전』, 〈신기원요〉와 〈아랑 설화〉에서는 원귀가 공권력에 호소하는 간접 복수를 선택합니다. 하지만 이 방법은 번거로운 데다 시간도 많이 듭니다. 원귀가 된 마당에 하소연 좀 하려고 갔더니 심약한 수령들은 놀라서 자꾸만 세상을 떠나고, 담대한 수령은 대체 언제 부임할지 알 수 없습니다. 이럴 바에는 차라리 가해자를 직접 처단하는 편이 더 효율적이지 않을까요?

하지만 원귀들이 원한 것은 '눈에는 눈, 이에는 이'가 아니었나 봅니다. 특히 정조를 목숨과 동등한 무게로 여긴 조선 시대의 여성은 사적 복수로 간단히 가해자를 없애고 끝내는 결말을 원치 않았습니다. 사건 해결에 공권력이 개입하면 재판을 통해 옳고 그름이 가려지고 가해자는 공적으로 문책을 받습니다. 시간이 걸릴지라도 이 과정은 가해자가 죄를 지은 자임을 공동체가 함께 확인하는 절차이며, 원귀 역시 억울한 사정을 모두에게 알릴 수 있습니다. 『장화홍련전』에서 자매를 위해 세운 추모비는 불쌍하게 져버린 두 생명을 위로하는 의미에 더해 이들의 죽음이 모함에 의한 자결이었음을 공인하는 상징입니다.

물론 간접 복수와 직접 복수를 모두 실행하는 원귀도 있습니다. 고전소설 『정을선전』의 여자 주인공 추연이 그러합니다. 정을선과 백년가약을 맺은 추연은 뜻하지 않은 모함을 받습니다. 추연의 계모가 계략을 꾸며서 첫날밤을 앞둔 추연을 부정한 여자로 만든 것이죠. 안타깝게도 정을선은 추연을 오해하고 끝내 그녀를 떠납니다. 정절을 의심받아 파혼당한 추연은 억울함과 분노를 적삼에 혈서로 쓰고 자결합니다. 그러나 그 분노는 죽음으로도 사그라들지 않았고, 추연은 끝내 원귀가 되어 불처럼 치닫는 복수를 시작합니다.

> 방 안에 앉았던 계모가 홀연히 문밖에 나와 피를 많이 토하고 죽었다. 모두가 말하기를 계모는 악행을 일삼다가 저렇게 죽으니 하늘이 무심치 않다고 하였다. 계모의 사촌 오빠는 그 모습을 보고 스스로 목을 매고, 계모의 자녀는 그날부터 말도 못 하고 인생을 버렸다.
> 한편 추연의 시신을 염하려고 방문을 여니 사나운 기운이 일어나 그것을 쐰 사람은 모두 죽었고, 추연의 우는 소리를 들은 사람들 또한 연달아 죽어나갔다. 추연의 아버지마저 병들어 죽으니 유모 부부가 통곡하며 선산에 안장하였다.

추연은 자신을 모함한 사람들을 죽이고 온 마을을 쑥대밭으로 만들어 놓습니다. 하지만 추연의 분노는 죽음을 죽음으로 되갚아 주는 것만으로 가라앉지 않습니다. 이 억울함을 남편은 물론, 천자(중국의 황제)까지 알도록 하여 정조를 잃었다는 불명예를 벗습니다. 그리고 마침내는 신비한 구슬로 죽음조차 돌이켜 되살아납니다. 추연의 복수는 그야말로 강력하고도 완전합니다. 내 방식으로, 내 손으로, 그리고 내가 원하는 결과까지 얻었으니 말입니다.

사실, 망자의 원한이 풀렸더라도 그의 생명이 다시 돌아오는 일은 없습니다. 그러니 죽은 이의 한은 절반만 풀렸는지도 모르겠습니다. 그가 가장 원했던 것은 다시 살아나 사랑하는 이들과 울고 웃으며 함께하는 일상이었을 겁니다. 하지만 그런 삶은 현실의 물리 법칙 아래에서는 불가능하지요. 그러나 소설이라는 공간 안에서는 다릅니다. 이 환상적인 이야기 속에서는 시체가 되살아나 복수한다는 설정조차 얼마든지 가능하니까요. 억지스럽다고요? 하지만 한편으론 통쾌하지 않습니까? 무엇보다 가엾은 그 여인을 생각하면 다행이라는 생각마저 들고요. 추연의 원귀는 복수의 긍정적 가치를 믿는 사람들이 만들어 낸 소망이 아니었을까요?

🔥 원수의 금지옥엽으로 환생하다

부모와 자식의 인연은 하늘이 맺어준다고 하죠. 그래서 그 인연이 꼬이기 시작하면 말할 수 없이 괴롭습니다. 천륜을 끊어낼 수도 없고, 고통 속에 관계를 이어가기도 어려우니 말입니다. 그런데 원수의 가족으로 환생하는 원귀도 있습니다. 그 굳은 결심이 놀랍습니다. 나를 해친 사람과는 실수로라도 엮이고 싶지 않을 텐데 다음 생에서 한 번 더 만나다니요. 그것도 한 핏줄이라는, 절대 끊어질 수 없는 고리로 말입니다. 물론 이들에게는 다 계획이 있습니다. 은밀하게, 위대하게 복수하려는 큰 그림이죠. 『동소만록』과 『한국구비문학대계』는 조선의 정치가 허적(1610-1680)과 그의 서자 허견의 이야기를 싣고 있습니다.

대사헌(오늘날의 검찰총장) 허적은 장가가는 신랑의 행렬과 마주쳤다. 신랑은 상인의 아들이었으나 높은 신분의 양반이 입을 법한 귀한 옷을 입고 있었다. 허적은 그에게 신분 간의 율법을 어긴 죄를 물었고, 신랑은 모진 심문을 받다가 죽고 말았다. 어느 날 허적은 죽은 신랑이 한쪽 다리를 절며 문을 열고 들어오는 꿈을 꾸었고, 곧이어 그의 서자로 허견이 태어났다. 허견은 자라면서 불량한 행동을 일삼아 눈총을 받았고, 사람들은 늘 문제를 일으키는 그를 원가채(冤家債, 원귀가 복수하기 위해 출현함)라 불렀다. 정작 허적은 이에 대해 별다른 생각을 하지 않았지만 이후 서자 허견은 반역을 일으켜 기어이 집안을 망하게 했다.

이 이야기는 원귀가 자신을 억울하게 죽인 원수 집안에 태어나 화를 불러오는 내용을 담고 있습니다. 허견이 진실로 원귀의 환생인지는 모르겠습니다만 인연은 언제 어디서든 맺어질 수 있고 다음 생에서라도 만날 수 있다는 옛사람들의 관념을 확인할 수 있습니다.

그런데 따지고 보면 허적은 대사헌으로서 할 일을 했을 뿐입니다. '비단옷은 양반만 입을 수 있다'는 율법은 오늘날에는 다소 이해하기 어렵지만 당시 사회에서는 통용되는 관념이었으니까요. 다만 허적은 이 법을 경직되게 집행하고 잘못의 크기보다 과하게 처벌하여 신랑의 원한을 산 것이 아닌가 합니다. 율법을 어겼을지언정 혼인날에 신랑이 화려한 옷차림을 한 것이 과연 죽을 일인가? 하는 의문을 남기니까요.

살아가면서 누구에게도 원한을 사지 않을 수는 없습니다. 의도한 악행은 아니더라도 무심결에 타인에게 상처를 주기도 하고, 때론 그것이 뜻하지 않은 결과를 만들기도 하니 말입니다. 그러니 우리는 끊임없이 자신을 성찰하고 타인의 마음을 헤아리며 살아가야 하는지도 모르겠습니다.

원수의 자식으로 태어나 복수하는 서사 한 편을 더 소개하겠습니다. 제주도 무속 신화 〈차사본풀이〉 중 과양생이 등장하는 이야기입니다.

옛날 동경국의 버무왕에게 일곱 아들이 있었다. 위로 네 아들은 사주팔자가 좋아서 잘 살았는데, 아래 세 아들은 사주팔자가 나빠서 15세에 죽을 운명이었다. 이에 버무왕은 이들의 수명을 늘려주고자 절로 출가시켜 도를 닦게 하였다. 열심히 불공을 드리며 살던 삼 형제는 어느 날 가족이 그리워 절 밖으로 나가고 싶어했고, 스님은 과양땅을 조심하라고 하며 이들을 보내준다. 비단과 그릇 등 절에 올 때 가져온 귀한 물건들을 어깨에 메고 나간 삼 형제는 스님의 당부를 잊고 그만 과양땅에 들어서고 말았다. 이들은 마을에서 과양생의 각시를 만났는데, 그 여인은 삼 형제의 재물에 눈이 멀어 삼 형제가 술을 마시고 잠든 사이 귀에 끓는 참기름을 부어 죽이고 남편 과양생과 함께 시신을 연못에 던져버렸다. 이후 연못에서 삼색의 아름다운 꽃이 피었고, 과양생 각시는 그 꽃을 꺾어 온다. 그러나 꽃이 살갗에 닿을 때마다 가렵고 따가워서 화로에 불태웠는데 꽃이 타고 난 자리에서 예쁜 구슬 세 개가 생겨났다. 과양생 각시는 그 구슬을 꺼내 이리저리 가지고 놀다가 입에 한 번 넣어 보았다. 그 순간 구슬이 스르륵 녹아 몸속으로 들어갔다. 그리고 얼마 후 과양생 각시는 임신을 하여 세 아이를 낳았다.

 아이들은 어릴 적부터 너무나 영리하고 뛰어난 재주를 보여 과양생 부부에게 큰 기대와 기쁨을 안겨주었다. 세 아이는 15세라는 이른 나이에 모두 과거에 급제하여 금의환향한다. 과양생 부부는 기쁘게 이들을 맞이했고, 아이들은 부모에게 고개를 숙이며 큰절을 올렸다. 그런데 어찌 된 영문인지 아이들은 그대로 고꾸라져 다시 일어나지 못했다. 깜짝 놀란 과양생 부부가 가까이 다가갔으나 큰아들은 벌써 눈동자가 풀려서 죽음의 빛을 냈고, 둘째는 입에 거품을 물고 숨을 쉬지 않았다. 막내 역시 손톱 발톱에 검은 피가 서린 채 죽고 말았다.

금지옥엽 아들 셋이 한날한시에, 그것도 기쁜 소식을 안고 온 바로 그날 죽었다니 이 얼마나 기묘한 일입니까. 하지만 짐작하셨을 것입니다. 그들은 바로 버무왕의 세 아들. 억울하게 살해된 뒤 환생해 이 땅에 돌아온 아이들이었습니다.

원한을 품고 죽은 삼 형제는 과양생 각시에게 육체적 고통을 주는 정도로는 만족할 수 없었겠지요. 심장을 도려낼 정도의 슬픔과 절망을 주고 싶었을 것입니다.

'이 자들에게 인간이 느낄 수 있는 가장 큰 기쁨을 주자. 점점 기대를 부풀어 오르게 하고 행복감을 만끽하게 하자. 그리고 그것이 최고에 이르는 순간! 우리의 죽음으로 복수를 달성하리라.'

아마도 삼 형제는 이렇게 생각하지 않았을까요?

'군자의 복수는 10년이 걸려도 늦지 않는다(君子報仇 十年不晩)'는 『사기』의 구절처럼, 원귀의 한이 사무치고 분노가 큰 만큼 복수는 정교해집니다. 원수의 자식으로 다시 태어나 효자 노릇을 하는 것도, 두 번째 죽음을 맞이하는 것도 개의치 않을 만큼 말이죠.

🔥 나만 당할 수 없지, 물귀신과 창귀

원귀는 자신과 아무 관계가 없는 사람에게도 해를 가합니다. 익사한 사람이 물귀신이 되어 타인 또한 물로 끌어들인다는 이야기가 대표적이지요.

물에는 사람을 이끄는 매력이 있습니다. 잔잔하게 일렁이는 윤슬은 수영이 능숙하지 않은 이에게도 아름답고 신비하게 다가옵니다. 그러나 유희로서든, 생업으로서든 물은 인간의 예상을 벗어나며 사고를 부르기도 하지요. 물귀신 이야기가 오랫동안 우리에게 전승되는 것도 물이 지닌 이러한 양면성 때문일 것입니다.

『구비문학대계』에서 물귀신은 터럭손, 물도깨비, 수살귀 라는 이름으로 나타납니다.

터럭손이란 손만 올라와서 뱃사람을 바다로 끌고 간다는 일종의 바다 도깨비다. 뱃사람들이 낚시질을 하다 잠시 졸려서 자면 슬며시 터럭손이 올라와 사람 팔을 잡고 더듬더듬 더듬는다고 한다. 머리까지 손길이 올라와 상투를 고정하는 동곳을 당기는데 이때 동곳을 빼앗기면 터럭손에게 끌려 물속으로 들어간다고 한다.

도깨비들이 꽹과리를 잘 치는 '주꽹과리'라는 사람을 무리에 영입하기로 한다. 이 모의를 우연히 알게 된 마을 사람들은 주꽹과리를 걱정해 방에 감금했다. 영문을 모른 그는 거세게 항의하다가 체념하여 물 한 잔을 달라고 요청했다. 마을 사람은 '물은 넣어줘야 하지 않겠나' 싶어서, 물을 한 대접 떠다가 문살이 뚫린 틈으로 넣어주었다. 한참 뒤 들여다보니, 그는 숨소리도 없고 몸이 이미 빳빳하게 굳어 있었다. 그 물을 마시지 않고 자기 손으로 코에 들이부은 채 죽은 것이었다.

속담에 '물에 빠져 죽을 수살구신(水殺鬼神)은 대접 물에도 빠지고 접시 물에도 빠진다'는 말이 있다. 결국 물로 죽을 팔자는 어떻게 든 물로 죽게 된다는 의미다. 그날 저녁, 어딘가에서 농악 소리가 들려왔는데 마치 도깨비들 틈에서 주꽹과리가 연주하는 것처럼 신나게 가락이 잘 맞았다.

여러 이야기를 종합해 보면 물귀신은 이러한 형태로 상상되었습니다.

- 사람의 머리채를 잡고 물로 끌고 들어간다.
- 저수지 앞에서 '같이 가자'고 말하며 근처에 있는 사람을 물로 데리고 간다.
- 아무리 발버둥을 쳐도 강한 힘으로 잡아당겨서 물 밖으로 나올 수 없다.
- 손 또는 머리카락이 희미하게 보인다.
- 바다에서 털이 많이 난 손만 올라와 사람을 끌고 간다.

한편, 창귀(倀鬼)도 물귀신과 비슷한 수법을 씁니다. 창귀는 호랑이에게 죽은 사람이 원귀가 되어 자신과 같은 희생자를 만드는데, 호랑이에게 붙어 적극적으로 부역하며 먹잇감을 물색하고 길을 안내하지요.

이익은 『성호사설』에서 물귀신과 창귀를 같은 개념으로 보았습니다. 그는 "물에 빠져 죽은 자의 혼을 창귀라 하는데, 범에게 물려 죽은 자도 마찬가지라 한다. 어느 한 사람이 물에 빠져 죽은 뒤에는, 그의 친척 중에서 마치 귀신의 부름을 들은 것처럼 물로 들어가는 자가 있는 것을 허다히 보겠는데 참으로 괴이하다."라고 했습니다.

창귀에 대해 상세히 다룬 옛 문헌 한 편을 소개하겠습니다. 연암 박지원(1737-1805)의 『호질』입니다.

호랑이가 처음 잡아먹은 사람은 '굴각(屈閣)'이라는 창귀가 되어 호랑이의 겨드랑이에 붙는다. 굴각이 호랑이를 부엌으로 이끌어 솥을 핥게 하면 집주인이 허기를 느끼고 부인에게 밤참을 짓게 하는데, 이때 호랑이가 밖으로 나온 부인을 잡아먹는다. 호랑이가 두 번째 잡아먹은 사람은 '이올(彛兀)'이라는 창귀가 되어 호랑이의 볼따귀에 붙는데, 높은 곳에 올라가 사냥꾼의 행동을 엿보다가 호랑이 잡는 덫이 보이면 먼저 가서 그것을 치워 버린다. 호랑이가 세 번째 잡아먹은 사람은 '육혼(鬻渾)'이라는 창귀가 되어 호랑이의 턱에 붙는다. 그리고 자신이 아는 친구들의 이름을 호랑이에게 알려줘 외우도록 한다.

 박지원은 『호질』에서 굴각, 이올, 육혼이라는 이름의 창귀가 호랑이와 더불어 누구를 먹을지, 어디서 먹을지를 의논하는 모습을 그립니다. 우리가 눈여겨봐야 할 것은 호랑이에게 잡아먹힌 사람이 귀신이 되어 호랑이의 겨드랑이·볼·턱에 붙어 산 사람들에게 해를 가한다는 것입니다. 특히 육혼은 친구들의 이름을 호랑이에게 알려주기까지 하죠. 자신과 가장 가까운 사람을 데려가려는 것입니다. 그래서 옛사람들은 호환을 겪은 집안의 사람과는 혼인하기를 꺼렸다고 합니다. 창귀의 희생양이 될 수 있으니까요.

 옛사람들에게 호환이란 언제든 일어날 수 있는 사건이었습니다. 특히 우리나라는 약 70%가 산악 지형이기에 호랑이가 서식하기 좋은 환경이었습니다. 『조선왕조실록』에는 경남 지역에 호환으로 인한 피해가 극심해 농사를 지을 사람이 부족했다는 기록이 있고, 호랑이로 인한 환란을 국가적으로 관리하기 위해 '착호갑사(捉虎甲士, 호랑이와 표범을 잡기 위하여 배치한 전문 병력)' 부대를 설치했다고도 합니다. 영국의 지리학자인 이사벨라 버드 비숍은 1894년 조선에 입국해 4년 동안 한반도를 답사한 후 이런 기록을 남겼죠.

 조선 사람들은 일 년의 절반은 호랑이를 쫓느라 보내고 나머지

유치봉, 〈산중희호도〉, 19세기.

절반은 호랑이에게 잡아먹힌 사람 문상하느라 보낸다.

일제강점기까지만 하더라도 호랑이로 인한 피해가 여전했다고 하니, 호환은 상당히 오랫동안 사람들을 지배한 공포였을 것입니다.

창귀는 자신의 사고를 억울하게 여기는 데서 그치지 않고, 가까운 사람들을 같은 방식으로 죽여 끌어들이고자 한다는 점에서 음습한 공포를 자아냅니다. 그래서 예로부터 창귀는 못된 짓을 하는 데 앞잡이 노릇을 하는 사람, 큰 권력의 하수인을 가리키는 말로도 쓰였습니다. 『조선왕조실록』에는 아첨하는 자, 나쁜 일을 꾸미는 데 일조하는 인물을 창귀라 지칭하는 경우가 꽤 많았습니다.

창귀가 앞잡이 노릇을 하는 이유는 다른 사람을 호랑이에게 잡아먹히게 해서, 즉 새로운 창귀를 만들고 자신은 호랑이로부터 벗어나려는 것이라고 이해하기도 했습니다. 나만 당할 수 없다는 비뚤어진 마음에서든, 혹은 창귀 신세를 탈출하기 위한 어쩔 수 없는 선택이든 그들의 원한은 언제든 나 역시도 해를 당할 수 있다는 불안감을 피어오르게 합니다.

인간은 때론 내가 어찌할 수 없는 상황과 마주하며 살아갑니다. 미리 대비할 수도 없고, 나의 잘잘못과는 전혀 관계없는 불행이 일어날 때가 있죠. 그리고 이러한 공포는 오늘날까지도 이어집니다. 잊을만하면 보도되는 '묻지마 범죄'가 바로 그런 유형이 아닐까 합니다. 범죄자들은 자신의 불우한 상황에 좌절하여 분노를 표출했다고들 합니다. "나는 불행한데 다른 사람이 행복해하는 모습을 보자 화가 났다.", "나를 이렇게 만든 사회에 복수하고 싶다." 같은 답변으로 공분을 자아내지요.

이제 호환은 없습니다. 호랑이는 동물원에서나 볼 수 있는 맹수니까요. 그러나 살아 있는 물귀신과 창귀는 여전히 우리 곁을 맴돕니다. 무작위로 사람을 해치고, 나의 평화로운 삶을 불시에 흔드는 존재 말입니다.

🔥 내 한을 들어줘, 통탄의 이야기

살다보면 이 세상 전체가 나를 괴롭히는 것 같은 기분이 들 때가 있습니다. 화가 치밀어도 화를 낼 대상이 분명치 않아 갑갑한 마음뿐이죠. 그럴 때 친구, 아니면 낯선 누구라도 내 곁에 있다면 쌓아둔 이야기가 술술 풀려나오기도 합니다. 어떤 일이 있었고 무엇이 힘든지 말입니다.

『달천몽유록』과 『강도몽유록』에는 전쟁으로 인해 목숨을 잃고 원귀가 된 이들의 한 맺힌 목소리가 담겨 있습니다. 특별한 서사가 진행된다기보다는 원귀들이 한데 둘러앉아 작품 속 주인공에게 저마다의 사연을 들려주죠. 이들이 가장 하고 싶은 이야기는 무엇이었을까요?

남성 원귀들은 참전 자체가 억울했을 수 있습니다. 내가 전쟁을 일으킨 것도 아닌데 부질없이 목숨을 잃고 싶지 않을 테니까요. 그런데 의외로『달천몽유록』속 원귀들은 우리 생각과는 사뭇 다른 지점에서 소리를 높입니다.

"나를 낳아 주신 분은 부모님, 나를 죽인 자는 누구인가? 훌륭하게 기르신 은혜도 깊지만 나라의 일이 위급했네. 장부로 태어나 한 번 죽는 거야 진실로 아까울 것 없지."

고임피[3]라는 이름의 원귀는 전사한 아버지의 명예와 복수를 위해 대를 이어 참전한 장수입니다. 전쟁터에는 고임피와 마찬가지로 충(忠)과 의(義)를 택한 이들이 많았습니다. 하지만 돌아온 것은 참담한 패배뿐이었지요. "승전보를 손꼽아 기다렸으나 끝내 굶주린 물고기의 밥이 되고 말았다"는 고임피의 탄식은 오직 승리만이 그들의 소망이었던 만큼 패전이 얼마나 깊은 한이 되었는지를 보여줍니다. 셀 수 없는 외세의 침략 속에서 전쟁은 반드시 이겨야만 하는 절체절명의 사건이었습니다.

패배의 절망 뒤에는 또 다른 그림자가 있습니다. 이들은 용맹한 장수이지만 또한 누군가의 소중한 아들이자 남편, 아버지였으니까요.

"다 늙으신 부모님께 맛난 음식은 이제 누가 드릴까? 예쁘고 젊은 아내는 원망 어린 눈물만 흘리겠지. 내 생사를 걱정만 하다가 말과 안장만 돌아오는 것을 본 뒤에는 오갈 데 없이 가난한 신세가 되어 남편의 혼을 부를 거야. 이런 생각에 이르면 울적해지지 않을 수가 없어."

원귀들은 백발의 부모, 졸지에 삶이 신산해 진 아내, 그리고 이들이 겪을 슬픔을 떠올리며 울적해합니다. 죽음을 두려워하지 않았다지만 그로 인해 밀려온 파고는 커 보입니다. 떠난 자도, 남겨진 자도 서로를 그리워하며 애달파하는 모습이 안타깝기 그지없습니다. 죽음이라는 예정된 결말 속으로 걸어 들어가는 가족의 뒷모습을 보는 마음은 어땠을까요? 그리고 그가 끝내 돌아오지 못했다는 사실을 받아들여야 할 때는요.

자, 이제 여인들의 이야기를 들어볼 차례입니다. 전쟁이 일어난 후 많은 여인이 자결했습니다. 오랑캐의 노예가 되거나 능욕당하는 운명을 스스로 끊은 것이지요. 죽음을 택하기까지 그 마음은 얼마나 복잡했을까요. 삶의 마지막 순간, 두려움과 절망이 얼마나 깊었을지 생각하게 됩니다. 이런 고통에 대해,『강도몽유록』의 여인들이 하나둘 입을 엽니다.

그들은 오랑캐가 집 안으로 들이닥치던 순간 굴속에 숨었지만 적의 발소리가 점점 가까워지던 순간을 떠올립니다. 그리고 목을 맸고, 절벽에서 몸을 던졌고, 바다에 뛰어들었습니다. 죽음 외엔 다른 선택지가 없었다고 입을 모아 말하지요.

절개를 지키기 위해 스스로 목숨을 끊었지만 이를 증명할 길이 없어 억울하다는 여인도 있습니다. 또 어떤 여인은 말합니다. 높은 벼슬아치는 살아남았고 벼슬 한 번 못 해본 남편만 전장으로 내몰려 끝내 돌아오지 못했다고요. 꽃도 피우지 못한 채 죽은 어린 남편을 떠올리며, 결국 삶을 접게 된 자신의 처지를 한없이 원망합니다.

지금도 세계 곳곳에서는 전쟁이 끊이지 않습니다. 수백, 수천, 수만 명이 사망했다는 기사를 봐도 무감하기조차 합니다. 헤아릴 수 없는 죽음은 오히려 실감이 나지 않나 봅니다. 하지만 그 숫자 안에는 이름이 있었고, 삶이 있었고, 누군가가 사랑하는 사람이 있었습니다. 그렇게 하나하나 존재했던 이들을 수백, 수천이라는 말로 묶어버릴 수는 없습니다. 원귀들은 함께 울부짖지만, 각자의 목소리로 말합니다. 나의 한과 슬픔도 외면하지 말고 들어달라고요.

어쩌면 이들은 그저 말함으로써, 알림으로써 원망을 푸는 것일 수도 있습니다. 무엇을 해결해 달라기보다요. 만약 원귀가 나에게 나타난다면 그것은 복수를 하려는 게 아니라 오직 말하기 위해서일지도 모릅니다. 상당히 담대해야겠지만 만약 그의 말을 끝까지 들어주는 것만으로도 원귀의 깊은 원한은 조금씩 가라앉을 것입니다.

원귀의 이야기도 들어줄 수 있는 여러분이라면, 가까운 친구나 가족 혹은 낯선 사람이라는 이유로 나를 편하게 여기는 이의 말도 얼마든지 경청할 수 있지 않을까 합니다. 말하는 것만으로도 마음이 조금은 가벼워지는 순간을 누구나 한 번쯤은 겪었을 겁니다. 속에 담아두다 보면 어느새 그 무게가 쌓이고 결국 스스로도 알지 못할 '한'이 되어버리기도 하지요. 그래서 더 뚜렷이 느낍니다. 서로 잘 털어놓고, 또 잘 들어주는 것만으로도 우리는 훨씬 덜 외롭고 덜 무거워질 수 있다는 것을요.

🔥 인간과의 사랑을 갈망하다

사랑에 빠지는 귀신은 흥미로운 이야기 소재입니다. 인기 드라마 중에는 서로 다른 세계에 속한 이들의 사랑을 다룬 작품들이 종종 있었습니다. 한때 즐겨 시청했던 〈별에서 온 그대〉(SBS, 2013), 〈도깨비〉(tvN, 2016), 〈푸른 바다의 전설〉(SBS, 2016), 〈구미호뎐〉(tvN, 2020) 등이 떠오르는군요. 여기에 영화, 웹툰, 소설까지 영역을 넓혀보면 이와 비슷한 설정은 더 많을테지요. 이런 장르를 고전문학에서는 이물교혼담(異物交婚談)이라고 하는데, 인간과 인간 아닌 것끼리의 만남과 사랑을 주된 내용으로 삼습니다.

관점에 따라 으스스할 수도 있고, 로맨틱할 수도 있는 이야기 몇 가지를 소개해 보겠습니다. 먼저 고전소설 『최치원』[4]은 신라시대 학자이자 문장가인 최치원(857-908?)이 두 여자 귀신과 만나 사랑하는 이야기입니다.

당나라에 유학 간 최치원은 율수현(지금의 난징 지역)에서 우연히 쌍녀분(雙女墳)이라는 두 개의 무덤을 보고, 멋진 시를 지어 무덤의 주인들을 위로한다. 그때 한 여인이 붉은 주머니를 들고 나타나 "내가 모시는 두 아가씨가 당신의 시에 화답하였다"며 주머니 속에서 시 한 편을 꺼내 최치원에게 전달한다. 그 시에는 구천을 떠도는 자신들의 처지를 안타까워하는 마음, 남성과 사랑을 나눠보지 못한 슬픔, 이렇게 멋진 시를 쓴 나그네와 정을 나누고 싶어 하는 두 여인의 마음이 담겨 있었다. 최치원 역시 그들을 만나보고 싶다는 답을 써서 시녀에게 전달했다. 이윽고 아름다운 향내와 함께 꽃처럼 단아하고 예쁜 두 여인이 나타났다.

원래 두 여인은 부유한 토호의 딸들로 어진 남자와 혼인하기를 꿈꿨다. 그러나 그들의 아버지는 두 여인의 나이가 각각 18세, 16세 때 소금장수, 차(茶)장수와 혼인할 것을 명했다. 아버지는 재물을 중시하는 사람이라, 문장가나 벼슬을 한 사람보다는 돈이 많은 남자가 딸들의 짝으로 더 좋다고 여긴 것이다. 두 여인은 아버지의 결정이 싫었고 남편감을 바꿔 달라고 매번 이야기했으나 좌절되었다. 결국 그것이 병이 되어 두 여인은 요절하고 말았다.

쌍녀분의 주인인 두 여인은 원치 않는 결혼을 하게 되어 죽었고, 끝내 한을 품은 채 원귀가 되어 이승을 떠돌고 있습니다. "그동안 무덤 주위를 지나가는 남성들이 많지 않았냐"는 최치원의 물음에, 원귀들은 "있긴 했지만 그들은 모두 비루한 자들이었고 당신 같은 수재는 아니었다"고 답합니다. 원귀들의 이상형이 밝혀졌습니다. 바로 최치원처럼 시를 잘 짓는 지적인 남성입니다.

『최치원』은 실존 인물 최치원을 주인공으로 삼아 상상을 덧입혀 만든 이야기입니다. 그는 신라 최고의 문장가로, 어려서부터 천재로 일컬어졌으나 엄격한 신분 질서 탓에 재능을 마음껏 펼칠 수 없었습니다. 이 이야기에서도 최치원은 이방인으로서의 외로움과 신분적 한계에서 오는 좌절감을 가진 인물로 그려집니다. 실제 역사 속 그의 모습을 투영한 것일 테지요. 그런 최치원에게 한눈에 반한, 심지어 그의 시를 좋아하는 두 여인이 나타납니다. 드디어 자신을 알아주는 사람을 만난 최치원의 기쁨은 얼마나 컸을까요. 이들은 서로 마음이 맞아 술잔을 기울이며 밤새 시를 쓰고 사랑을 나눕니다.

날이 밝자, 두 여인은 최치원에게 작별을 고합니다. 최치원은 여인들의 이별 시를 들으며 하염없이 눈물을 흘리죠. 그는 이별의 허망함을 견디지 못하고 무덤 앞에서 긴 시를 읊으며 서성입니다. 그러다 "남자의 기운으로 아녀자의 한을 없애준 것뿐"이라며 별일 아니었다는 듯이 말하기도 하고, "요망스러운 여우에게 마음을 더 이상 두지 말자"고 스스로를 다독이기도 합니다. 하룻밤의 꿈같은 사랑과 이별을 겪은 남자의 복잡한 심정이 느껴집니다.

김시습의 『금오신화』 중 〈만복사저포기〉의 여주인공도 사랑에 꽤 진심입니다.

남원 땅의 양생은 일찍이 부모님을 여의고 결혼도 못 한 노총각입니다. 만복사라는 절 근처에서 쓸쓸히 지내고 있지요. 어느 법회 날, 양생도 다른 사람들처럼 부처님께 소원을 하나 빕니다.

"오늘 부처님을 모시고 저포놀이(나무조각을 던져 승부를 가리는 놀이)를 해볼까 합니다. 만약 제가 지면 법회를 차려서 부처님께 갚아 드리겠습니다. 만약 부처님이 지시면 아름다운 여인을 만나게 하시어 제 소원을 들어 주십시오."
다 빌고 나서 저포를 던지자 양생이 이겼다. 양생은 부처 앞에 무릎을 꿇고 앉아 말하였다.
"인연이 이미 정해졌으니, 속이시면 안 됩니다."

제멋대로 내기를 걸다니, 괘씸할 법도 한데 부처님은 역시 마음이 넓은 것일까요? 이윽고 나이는 열대여섯쯤, 머리를 두 갈래로 땋고 깨끗하게 차려입은 아가씨가 법당으로 들어옵니다. "마치 하늘의 선녀 같았다"고 묘사되는 미인입니다.

"오직 부처님께 비오니, 이 몸을 가엾게 여기시어 돌보아 주소서. 제가 타고난 운명에도 인연이 있을 것입니다. 빨리 배필을 얻게 해 주시길 간절히 비옵니다."

같은 소원을 품은 양생과 아가씨는 한눈에 반해 인연을 맺고

급격히 서로에게 빠져들지만, 사실 그녀는 왜구의 침입 때 정절을 지키고자 자결한 이였습니다. 비로소 그녀는 숨겨둔 이야기를 꺼냅니다.

"지난번 절에 가서 복을 빌고 부처님 앞에서 향을 사르며 운수가 박복함을 혼자 탄식하다가 뜻밖에도 삼세의 인연을 만나게 되었지요. 그래서 머리에 가시나무 비녀를 꽂은 가난한 살림이라도 낭군의 아낙으로서 백 년 동안 높은 절개를 바치고 술을 빚고 옷을 지으며 한평생 지어미로서의 도리를 닦으려 했습니다. 하지만 한스럽게도 업보는 피할 수가 없어서 저승길로 떠나야만 하게 되었어요. 즐거움을 다 누리지 못했는데 슬픈 이별이 갑작스레 닥쳐왔네요."

누군가를 사랑하고, 누군가에게 사랑받고 싶은 정념은 죽은 혼이라도 다르지 않나 봅니다. 무엇보다 평범한 여인으로 살고자 했으나 끝내 이루지 못한 사연이 안타깝습니다. 양생 입장에서는 어떨까요? 가난하고 쓸쓸한 생에 겨우 만난 사람이었는데, 사랑하던 그녀가 귀신이었다니 기가 막힐 노릇입니다. 하지만 양생은 여인과 함께 지낸 며칠이 꿈처럼 좋고 그저 행복하기만 했기에 그녀의 정체를 알고도 분노나 두려움이 아닌 연민을 느낍니다. 여인이 떠난 이후에도 애정과 슬픔을 떨치지 못해 계속해서 제사를 지내며 명복을 빌어주지요.

그러던 어느 날, 양생의 앞에 여인의 혼이 나타납니다.

"당신의 정성 덕분에 저는 지금 다른 나라에서 남자의 몸으로 태어나 살고 있어요. 부디 당신도 남은 생을 평안히 보내시길 바랍니다."

하지만 양생은 두 번 다시 결혼하지 않았고, 약초를 캐며 살다가 어떻게 생을 마감했는지 모릅니다.

소설 『최치원』과 〈만복사저포기〉의 남자 주인공들에겐 한 가지 공통점이 있습니다. 바로 '외로운 사람'이라는 것입니다. 최치원은 뛰어난 인재였으나 그만큼의 인정을 받지 못했고, 양생은 일찍이 고아가 되어 홀로 살고 있었습니다. 이들이 현실에 없는 존재와 그토록 빠르고 깊은 사랑에 빠진 이유는, 그동안 어떻게 해도 이룰 수 없던 것들이 갑자기 눈앞에 현현하게 나타나 마음을 가득 채웠기 때문일 겁니다. 이들과 원귀와의 사랑은 찰나였지만, 그리고 결코 이루어질 수 없는 인연이지만 잊을 수 없이 황홀하고 강렬하게 묘사됩니다. 오직 사랑만을 원했던 원귀의 마음이 산 사람의 이성(理性)을 뒤흔들 만큼 진심이었기 때문일까요.

사랑을 이루지 못한 한은 생각보다 깊습니다. 설화 〈심화요탑(心火曉塔)〉 역시 사랑을 이룰 수 없어 타오르는 마음을 담아낸 이야기입니다. 〈지귀설화〉로도 잘 알려진 이 이야기는 조선 시대의 백과사전인 『대동운부군옥』에 기록되어 있습니다.

신라 선덕여왕 때에 지귀라는 젊은이가 있었다. 하루는 서라벌에 나왔다가 지나가는 선덕여왕을 보았다. 여왕이 어찌나 아름다웠던지 그는 단번에 여왕을 사모하게 되었다. 이때부터 그는 잠도 자지 않고 밥도 먹지 않으며 초췌해진 채로 선덕여왕을 부르며 돌아다녔다. 이를 본 관리들은 지귀를 붙잡아다가 야단쳤으나 아무 소용이 없었다.

어느 날 여왕이 행차를 하는데, 골목에서 지귀가 선덕여왕을 부르면서 나오다가 붙들렸다. 자초지종을 들은 여왕은 지귀가 자신을 사모하는 것은 고마운 일이라며 행차를 따라올 수 있도록 하였다. 지귀는 기뻐하며 여왕을 뒤따랐다.

선덕여왕이 절에 이르러 불공을 올리는 동안 지귀는 절 앞의 탑 아래에 앉아 여왕이 나오기를 기다렸다. 그러다 홀연히 잠이 들고 말았는데, 불공을 마치고 나온 여왕이 이를 보았다. 여왕은 지귀를 가엾다는 듯 바라보고는 자신의 금팔찌를 빼서 지귀의 가슴 위에 놓고 궁으로 돌아갔다.

한참 뒤 일어난 지귀는 여왕의 금팔찌를 보고 크게 놀랐다. 그리고 그 금팔찌를 껴안고 기뻐서 어찌할 줄을 몰랐다. 그러나 기쁨은 다시 번민과 절망이 되어 가슴속에서 타올랐다. 가슴 속의 불길은 터져나와 지귀를 덮쳤다. 이내 불은 거리에까지 퍼져서 온 거리가 불바다를 이루었다.

여왕을 향한 마음이 지귀의 온몸을 집어삼켜 그는 끝내 불귀

신이 되고 말았습니다. 그 마음엔 그리움도, 자신을 한 번이라도 돌아봐 준 여왕에 대한 고마움도 있었겠지요. 다시는 만날 수 없다는 아쉬움, 이루지 못할 걸 알면서도 사랑한 슬픔까지. 지귀의 마음은 어디에도 닿지 못한 채 뜨겁게 일렁이고 있었습니다. 불덩이가 되어 타오르지 않고는 그 마음을 도저히 꺼내놓을 수 없었을 겁니다.

자, 지귀는 어떻게 되었을까요? 불귀신이 되어 떠돌아다니는 그를 신라 백성들이 두려워하자 여왕은 주문을 지어 나누어줍니다.

지귀는 마음에서 불이 나, 몸이 불로 변하였다. 바다로 멀리 보내어 보지도 말고 친하지도 말지어다(志鬼心中火 燒身變火神 流移滄海外 不見不相親).

이후 백성들은 화재를 면할 수 있었다고 합니다. 지귀가 사모했던 여왕의 뜻을 받아들인 것이죠.

이 세상은 누구에게는 찬란하게 빛나지만, 또 다른 누군가에겐 끝없이 고단한 곳입니다. 그래서 사람들은 종종 현실 너머의 이야기에 마음을 기울이죠. 환상적인 이야기들이란 단지 신비롭고 아름다운 장면을 보여주기 위해서만 있지 않습니다. 이 세상에 없는 것들을 하나씩 끌어내어 우리가 품은 결핍을 조용히 메워주기도 하니까요. 사랑을 찾아 이승으로 건너오는 원귀들은 그만큼 간절한 바람을 품고 있었지만, 어쩌면 현실 역시 그들을 기다려왔을지도 모릅니다. 원귀를 진정으로 사랑한 인간들을 보면 알 수 있듯이요.

5
원귀의 의미

🔥 사회를 고발하는 목소리

원귀는 당시에는 너무나 당연했기에 의문조차 품어보지 않은 관념에 문제를 제기합니다. 죽음으로써 정조를 지켜낸 원귀의 이야기는 정절과 그 뒤에 숨겨진 가문의 명예가 개인의 생명보다 중요한 가치였는가를 되묻습니다. 계모의 학대와 모함으로 죽은 원귀 이야기는 악한 계모와 그에 동조한 가족들, 모든 걸 알면서도 묵인한 아버지의 문제를 이야기합니다. 복수를 위해 원수의 일가로 태어난 허견 이야기에서는 당시의 신분 체제와 법률이 합당한지, 모두에게 공평했는지 돌이켜보게 하고요.

물론 원귀들이 노골적으로 이 같은 부분을 말하지는 않습니다. "제 죽음은 가부장제 탓이옵니다". "세상이 공평하지 않잖아, 잘못됐어!"라고 외치는 원귀는 없지요. 하지만 그들이 왜 죽었는지, 억울함의 근원은 무엇이었는지를 곰곰이 생각해 보면 원인은 단지 개인 간의 문제가 아니라 사회에 견고히 자리잡힌 질서 혹은 통념과 연결되어 있음을 알 수 있습니다.

원귀를 활용해 사회적 메시지를 주고자 하는 방식은 오늘날까지도 이어집니다. 영화 〈여고괴담 1〉(1998)의 주인공 진주는 무당의 딸이라는 이유로 담임과 친구들에게 따돌림을 당하다 사고로 죽습니다. 이후 그녀는 10년간 학교를 떠나지 못하고 원귀로 떠돌며 폭력적인 교사, 성적만능주의로 인한 학생들의 고통 등 변하지 않은 잘못된 교육 현실을 고발합니다. 또한 아동 만화 〈신비아파트〉(2014-) 시리즈는 평범한 어린이들이 겪을 법한 아이들 간의 따돌림, 자녀 돌봄이 이뤄지지 않는 현실, 외모지상주의 같은 사회적 문제를 원귀의 사연에 담아 드러냅니다.

사회가 잘게 쪼개지고 이해관계가 다양해질수록 소수자의 목소리는 소외됩니다. 주류의 관심과 연결된 이슈에 시선과 자원이 집중되기 마련이니까요. 그러나 외면된 이야기는 사라지지 않습니다. 그것은 어떤 형태로든 우리에게 돌아옵니다. 제 목소리조차 충분히 내보지 못한 채 억울하게 죽은 이들이 언제나 다시 이곳으로 돌아오는 것처럼요. 그래서 저는 원귀의 '귀(鬼)'는 어쩌면 돌아올 '귀(歸)'일지도 모른다는 생각을 해 봅니다.

🔥 원 없는 삶

원귀 이야기는 우리 민족이 오랫동안 담고 있는 삶과 죽음, 그리고 한과 한풀이의 관념을 보여줍니다. 사람은 한 번 태어나 누구나 죽지만, 잘 죽기란 생각보다 어려운 일입니다. 무엇보다 한국인은 죽음 앞에서 한이 없어야 한다는 생각을 가졌습니다. 수없이 전해 내려오는 원귀 이야기, 저승 이야기, 무속 신앙을 보아도 알 수 있지요.

가끔은 '한(恨)없이 살 수 있는 사람이 얼마나 될까, 있기는 할까' 싶기도 합니다. 여러분의 생각은 어떤가요? 그럼에도 죽음을 앞두고 "원도 한도 없다"고 이야기하는 분을 뵙기도 합니다. 아마도 자신이 원하는 것을 현실의 삶에서 이루고자 노력했던 분들이 아닐까 합니다. 혹은 힘들고 괴로웠던 순간이 많았지만 지나온 삶에 만족하며 '이 정도면 되었다'고 생각하는 분들이거나요. 어떤 이유이든 잘 살아온 삶이겠지요. 참 다행입니다.

우리는 여러 이유로 마음속에 그리던 삶의 모습을 접은 채 살아갑니다. 물론 그 사정들 역시 존중받아야 합니다. 하지만 정말 어찌할 수 없는 상황이 아니라면 되도록 '원 없이' 살아가면 좋겠습니다. 여러분은 죽는 순간, 아니 죽어서도 다시 이승으로 오고 싶을 만큼 간절히 원하는 것이 있으신가요? 그것을 이루지 못해 원(怨)이 된, 그래서 애처롭게 발버둥치는 원귀들의 이야기 속에서 나의 원(願)은 무엇인지 한 번쯤은 진지하게 생각해 보았으면 합니다.

삶은 웬만해서는 뜻대로 되지 않는다는 걸 우리 모두는 어렴풋이 알고 있습니다. 원귀가 된 이들 중 많은 사람들은 아무 잘못 없이 생을 마감했습니다. 예고 없는 재난, 피할 수 없는 불행 속에서 스러졌고 그 원통함이 사무쳐 원귀가 되고 말았죠. 그런 그들을 향해 감히 누가 돌을 던질 수 있을까요. 우리가 할 수 있는 일은 그저 그들의 억울함을 알아주고 조용히 위로의 마음을 보태는 것뿐입니다.

칼럼 ❷

〚 원귀를 달래는 우리만의 의식 〛

◆

1. 손각씨(처녀귀신)의 시샘을 잠재우는 법

이능화는 민간에서 전하는 손각씨(孫閣氏) 귀신을 조사하여 『조선무속고』에 담았습니다. 그의 글에서 우리는 결혼을 앞둔 처녀가 손각씨의 질투로 몹쓸 일을 당할까 염려하는 당시 사람들의 두려움을 엿볼 수 있습니다.

> 세속에 전하기를 손씨 집안에 규수가 있었는데 출가하지 못하고 죽었다. 이를 일컬어 손각씨 귀신이라 했다. 이 귀신을 섬기는 집에서는 처녀가 있어 출가시키고자 한다면 먼저 여자 무당에게 부탁하여 여탐굿(집안에 경사가 있을 때 먼저 조상에게 아뢰는 굿)을 행했다. 신의 뜻을 미리 알아본 뒤에 출가시키기 위함이다. 혼인 예복을 만들 때에는 옷감의 한쪽 끝을 조금 잘라서 신을 모시는 상자 속에 넣어두고, 음식과 새로운 물건이 생기면 반드시 신에게 먼저 올렸다. …중략… 손각씨를 모시는 방법은 여자 인형을 만들어 연두색 저고리에 다홍치마를 입히고, 화장 도구를 만들어 종이상자에 넣어 대나무 그릇에 간직하는 것이다. 그리고 수시로 무녀를 불러 손각씨를 달랜다.

이 밖에도 이능화는 처녀가 결혼하지 못하고 죽으면 특별한 방식으로 장례를 치렀다고 기록합니다. 그에 따르면 시신의 신체 일곱 군데의 구멍을 메밀과 밀가루 떡으로 막고, 양손에 떡을 쥐여준 후 남자 옷을 입힙니다. 간접적으로나마 남성과 맞닿게 하려는 의도였죠. 그런 다음 삼베 자루에 시신을 넣고 십자로의 한가운데에 묻었습니다. 수많은 사람이 오가는 장소이니 남성과 더욱 빈번하게 접촉할 거라는 생각에서였습니다. 외딴곳의 무덤처럼 고립된 장소에 있다면 누구든 만날 기회조차 없을 테니까요. 지역에 따라서는 귀신이 빠져나오지 못하도록 무덤을 세로로 깊게 파고 시신을 넣은 관을 거꾸로 묻거나 관 둘레를 가시나무로 둘러치기도 했다고 합니다. 사람들이 손각씨를 얼마나 두려워했는지 짐작되시나요?

2. 처녀·총각 귀신을 이어주는 영혼결혼식

결혼하지 못하고 죽은 이들을 맺어줌으로써 한을 직접 풀어주려는 의식도 있습니다. 이러한 결혼을 '영혼결혼'이라 하고, 다른 말로는 명혼(冥婚), 유혼(幽婚), 죽은 혼인, 허혼(虛婚), 허제비굿 등으로 부르기도 했습니다. 연구자들이 현지 조사한 사례가 몇몇 있어 소개해 봅니다. 노성환 선생님에 따르면 대개 영혼결혼식은 이미 사망한 두 남녀를 이어주는 방식으로 이루어진다고 합니다.

> 1931년 3남 3녀 중 셋째로 태어난 박씨는 1950년 여름 그의 형들과 함께 6.25에 참전하여 그만 전사하고 말았다. 당시 그의 나이 19세였다. 그 후 몇십 년이 지난 1981년부터 형수의 꿈에 박씨가 자주 나타나기 시작했다. 더불어 형수가 갑자기 병이 나 신들린 사람처럼 마구 돌아다니기까지 했다.

시어머니(박씨의 모친)가 점을 보니, 막내아들의 영혼이 지금 며느리를 아프게 하고 있고 결혼을 시켜주면 나아질 것이라 하였다. 시어머니는 그 말을 따르기로 하고 점쟁이에게 부탁하여 죽은 아들의 짝을 소개받았다. 여자는 울산시 중구 성안동에 사는 손씨의 5남 4녀 중 둘째였고, 20세의 나이로 죽은 아가씨였다. 결혼식은 1982년 8월 20일 박씨 집에서 무당들이 굿을 하면서 치러졌다.

부산시 대연동에 사는 장안기씨는 2남 1녀 중 차남으로, 월남전에 참가하여 26세의 나이로 전사했다. 그로부터 1년 후 그의 어머니가 몽달귀신이라도 면하라는 뜻으로 사후결혼을 주선하였다. 그의 어머니는 평소 궁합을 믿는 사람으로, 무당의 소개로 상대를 알게 되었다. 신부는 울산 출신 김모씨로 당시 24세였고 부산에서 회사를 다니다가 연탄가스로 사망했다. 신랑 쪽에서 예물로 결혼식 일주일 전에 이불, 전자시계, 은반지, 한복 1벌을 함에 넣어 보냈고, 신부 쪽에서는 결혼식 당일 아침 이불과 전자시계, 은반지, 한복 1벌을 해왔다. 결혼식은 1978년 6월 신랑 집에서 짚으로 신랑 신부의 인형을 만들어 전통혼례의 형식으로 치러졌다. 신랑의 인형은 신랑의 형이, 신부의 인형은 신부의 여동생이 맡아 다뤘다. 결혼식을 마친 후 신방으로 들어가 인형의 옷을 벗기고 나란히 눕힌 후 주안상을 차려 주었다. 이튿날 아침 무당, 양가 부모들이 들어가 보니 인형이 서로 마주보고 있었다 한다.

인형으로 신랑, 신부를 만들고 신방까지 차려주는 모습이 꽤 그럴듯합니다. 밤사이 인형이 서로 마주 보는 모습으로 있었다고 하니 정말로 신이한 일이 있었을까요? 아니면 누군가 몰래 신방에 들어가 인형의 위치를 잡아주면서 이들을 위로했을까요? 진실이 무엇이건 그저 두 남녀

칼럼 ❷

의 한이 모쪼록 이승에 남지 않길 바라봅니다.

영혼결혼식은 남녀 간의 인연으로 가족을 만들고 친족집단에 귀속시키는 '진짜 결혼'의 성격도 있었다고 합니다. 가족으로 이어진 소속이 그를 외롭게 하지 않으리란 믿음으로요. 그리고 이는 비단 망자만을 위한 것은 아니었습니다. 산 자는 죽은 자를 위로함으로써 마음의 평안을 얻고, 혹시 있을지도 모르는 망자의 원한으로부터 자신의 질서를 보호받고자 했습니다. 나아가 영혼 결혼을 주재하는 이들은 가족을 잃은 슬픔을 서로 어루만져 줄 수 있었을 것입니다.

결혼이 선택인 오늘날, 영혼결혼식이 옛날처럼 한풀이의 측면에서 의미가 있는지 모르겠습니다. 그럼에도 이른 나이에 세상을 떠난 이들을 위로하고, 그들의 죽음으로 고통을 겪는 가족들을 달래준다는 측면은 여전히 가치 있다고 생각합니다. 이는 우리 사회가 죽음과 상실을 대하는 독특한 방식이며, 또한 상실의 고통을 함께 나누는 연대의 정서를 담고 있으니까요.

3. 억울한 사연을 듣고 위로하는 삼설양굿

우리의 굿 가운데는 안타깝게 죽은 원귀들이 한데 나타나 슬픔을 토로하고, 해소하는 것이 있습니다. 전라도 동쪽 지방(순천, 광양, 보성, 고흥)에서 연행되는 <삼설양굿>입니다. 이 굿의 후반부 굿거리는 마치 연극 같은 놀이로 진행됩니다.

한 명, 때로는 여러 명의 무당이 번갈아 가며 귀신 분장을 합니다. 이들은 악사와 이야기를 나누며 무엇 때문에 자신이 죽게 되었는가를 이야기합니다.

귀신은 저마다의 사연만큼 모습도 제각각입니다. 이를테면 봉사 귀신은 눈을 감은 채 지팡이를 들고 더듬더듬 걷고, 아이를 낳다 죽은 귀신은 치마 속에 바가지를 넣고 몸을 뒤로 젖힌 채 엉거주춤하게 등장합니다. 목을 매 죽은 귀신은 새끼줄을 목에 건 채로, 결혼 못 하고 죽은 총각 귀신은 짚으로 만든 성기를 과장되게 표현하며 나옵니다.

악사들은 이들의 이야기를 들어주며 위로하고 때론 문제를 해결해주기도 합니다. 예를 들어 총각 귀신에게는 "내가 아까 여자 귀신을 보았으니 저기 가서 만나보라"고 알려주고, 굶주려 죽은 귀신에게는 음식을 권합니다. 눈이 먼 채 죽은 귀신이 강을 건너려 하면 발을 헛디디지 않도록 돕습니다. 악사들은 "노래를 부르며 강을 건너면 앞을 볼 수 있다"고 말해주는데, 귀신이 그대로 따르니 눈이 떠지는 장면이 연출되기도 합니다. 아이를 낳다가 죽은 귀신에게는 악사들이 순산을 축원하고 복과 재수가 깃들기를 빌어줍니다. 그러면 아이를 상징하는 바가지가 잘 나오고 여인은 행복해합니다.

원한을 품은 이들이 목소리를 내어 억울한 것, 원하는 것을 '말하는' 행위는 매우 중요합니다. 맺혀있던 감정은 그 과정에서 상당히 완화되기 때문입니다. 굿 초반에 불행한 모습으로 등장했던 원귀들은 한결 가뿐하게 떠납니다. "좋은 약물에 활짝 (병을) 벗어 활발하게 나가네". "궂은일 없고 좋은 일만 나게 해놓고 나 많이 묵고 가네"라고 외친 후 춤추며 퇴장합니다. 이로써 산 사람 역시 이승의 질서가 바로잡혔다고 안심하지요. 그래서 한을 풀어주는 일은 저승의 세계에서도, 이승의 세계에서도 여전히 중요하고 의미가 있습니다.

수년 전, 공연장에서 작품으로 연행되는 〈삼설양굿〉을 본 적이 있습니다. 우스꽝스럽게 등장하는 귀신 분장의 무당을 보고 한껏 웃다가도 악사와 무당이 나누는 대화에 어느새 빠져드는 관객들, 그리고 마음이 풀려 가벼운 발걸음으로 무대를 떠나는 등장인물들을 보며 함께 환호하던 열띤 반응을 잊을 수 없습니다. 아마 공연장을 떠도는 영혼이 있었다면 그 또한 우리 곁에서 함께 기뻐하고 눈물 흘리지 않았을까 합니다.

【 참고문헌 】

단행본

강효석 저, 이민수 역,『(新完譯) 대동기문』상, 명문당, 2000.
구인환 엮음,「정을선전」,『우리고전 다시 읽기 10: 홍길동전』, 신원문화사, 2003.
권문해 저, 남명학연구소 경상한문학연구회 역주,『대동운부군옥』, 민속원, 2007.
김시습 저, 이지하 옮김,「만복사저포기」,『금오신화』, 민음사, 2009.
김현룡 저,『한국문헌설화』5, 건국대학교출판부, 2000.
김현룡 편저,『고금소총』2, 자유문학사, 2008.
남하정 저, 원재린 역주,『동소만록』, 혜안, 2017.
무라야마 지준 저, 김희경 역,『조선의 점복과 예언』, 동문선, 2005.
배정상,『한국 근대 괴담 자료집 :「매일신보」수록 괴담 모음』, 소명출판, 2023.
박지원 저, 이민수 역주,『호질, 양반전, 허생전 (외)』, 범우사, 2002.
성현 저, 홍순석 옮김,『용재총화』, 지식을만드는지식, 2014.
손진태,『한국 민족설화의 연구』, 을유문화사, 1947.
신해진 역주,「장화홍련전」,『조선후기 가정소설선』, 월인, 2000.
윤계선 저, 박희병, 정길수 편역,「달천몽유록」,『이상한 나라의 꿈』, 돌베개, 2013.
이능화 저, 서영대 역주,『조선무속고 : 역사로 본 한국 무속』, 창비, 2008.
이대형 편역,『수이전』, 소명출판사, 2013.
이사벨라 버드 비숍 저, 이인화 역,『한국과 그 이웃나라들』, 살림, 1994.
이익 저, 민족문화추진회 편역,『(신편 국역) 성호사설』3, 한국학술정보, 2007.
작자 미상, 박희병, 정길수 편역,「강도몽유록」,『이상한 나라의 꿈』, 돌베개, 2013.
정용수,『고금소총 · 명엽지해』, 국학자료원, 1998.
현용준, 현승환 역주,「차사본풀이」,『한국고전문학전집 29: 제주도 무가』, 고려대학교 민족문화연구원, 1996.

연구논문

권도영,「복수하는 여성 원혼의 서사적 정체성」,『여성문학연구』59, 한국여성문학학회, 2023.
권선경,「화주당의 존재양상과 의미」,『한국무속학』31, 한국무속학회, 2015.
권영희,「한국 고소설에 나타난 여귀 형상과 변모 양상」, 전남대학교 박사학위논문, 2023.
김소영,「근대성과 여자 귀신」,『한국학논집』30, 계명대학교 한국학연구소, 2003.
김형근,「한국무속의 죽음세계 연구: 불교 시왕의 수용 양상과 의미」,『한국무속학』34, 한국무속학회, 2017.
노성환,「사후결혼의 구조연구」,『비교민속학』16, 비교민속학회, 1999.
박종오,「한국의 귀신설화 연구」, 전남대학교 박사학위논문, 2008.
박현수,「소설에 나타난 식민지 조선의 물가 - 음식 가격을 중심으로」,『대동문화연구』121, 성균관대학교 대동문화연구원, 2023.
서유석,「원귀 서사에 나타나는 해원과 애도의 구조, 그 의미와 한계 - 〈신거무전설〉과 〈의적 강목발〉 이야기를 중심으로」,『우리문학연구』55, 우리문학회, 2017.
서정범,「「새타니」語 攷」,『국어국문학』55-57, 국어국문학회, 1972.
서정범,「「새타니 - 巫」의 배경연구」,『종교사연구』2, 한국종교사학회, 1973.
송소라,「애니메이션 〈신비아파트 : 고스트볼의 비밀〉의 구성적 특징과 정통귀신담의 콘텐츠화의 의미」,『고전문학과 교육』39, 한국고전문학교육학회, 2018.
안병국,「영혼결혼고」,『온지논총』4(1), 온지학회, 1998.
염승연,「호환(虎患)에 기반한 체험주의적 상상력 - '창귀(悵鬼)'와 설화 〈호식당할 팔자〉를 중심으로」,『남도민속연구』44, 남도민속학회, 2022.
오정미,「〈물귀신설화〉에 대한 일고찰」,『실천민속학연구』38, 실천민속학회, 2021.
유형동,「호환(虎患)에 대처하는 인문적 상상력 - 설화와 민간신앙을 중심으로」,『동아시아고대학』59, 동아시아고대학회, 2020.
이경엽,「호남 무속의 존재양상」,『한국무속학』15, 한국무속학회, 2007.

이경엽, 「호남지역 무당굿놀이의 연행양상과 의미」, 『한국무속학』 21, 한국무속학회, 2010.

이미림, 「일본 근세회화의 다양성 - 교토화단의 요괴미인화를 중심으로」, 『일본문화학보』 26, 일본문화학회, 2005.

이주라, 「일제강점기 괴담의 특징과 한국 공포물의 장르적 관습 - 『매일신보』 소재 괴담을 중심으로」, 『우리문학연구』 45, 우리문학회, 2015.

이주영, 「조선후기 필기·야담 소재 귀신담 연구」, 동국대학교 박사학위논문, 2020.

이주영, 「『묵호고(默好稿)』 소재 '애귀(愛鬼) 이야기' 연구」, 『한국문학연구』 64, 동국대학교 한국문화연구소, 2020.

이창익, 「일본으로 수입된 조선의 신령: 무당 고대업과 명도회」, 『원불교사상과 종교문화』 100, 원광대학교 원불교사상연구원, 2024.

임재해, 「귀신설화에 포착된 인간과 귀신의 만남 양상과 귀신인식」, 『구비문학연구』 25, 한국구비문학회, 2007.

정경민, 「귀신으로서의 아이가 지닌 표상성 연구 - 『천예록』 소재 두억신 이야기를 중심으로」, 『한국고전연구』 47, 한국고전연구학회, 2019.

정솔미, 「한국 문헌소재 귀신담 연구」, 서울대학교 박사학위논문, 2021.

조현설, 「원귀의 해원 형식과 구조의 안팎」, 『한국고전여성문학연구』 7, 한국고전여성문학회, 2003.

진성국, 「한·중 문헌설화에 나타난 鬼神談 - 18세기 이전 작품을 중심으로」, 『동남어문논집』 47, 동남어문학회, 2019.

최길성, 「사후결혼의 의미 - 한·중·일 비교」, 『비교민속학』 창간호, 비교민속학회, 1985.

최재석, 「제주도의 사후혼」, 『한국학보』 4(4), 일지사, 1978.

최준, 「한국샤머니즘에서의 영혼결혼」, 『한국문화연구』 17, 이화여자대학교 한국문화연구원, 2009.

하은하, 「원수가 자식이 된 이야기의 이본 양상과 문학치료적 의미」, 『문학치료연구』 3, 한국문학치료학회, 2005.

기타

『태종실록』 3권, 태종 2년 5월 3일 을유.
『세종실록』 11권, 세종 3년 3월 14일 병자.
『한국구비문학대계』, 한국학통합플랫폼(https://kdp.aks.ac.kr/gubi)
김정실, 「무당이야기 (9) 高大業(고대업)의 "靈(영)의 소리" 소위 명도회 사건의 정체」, 『동아일보』, 1934.8.4.
이규태, 「李圭泰(이규태) 코너 超能力(초능력)」, 『조선일보』, 1984.9.25.
이규태, 「우리의 것을 아는 大連載(대연재) 奇俗(기속) ⑧ 太子魂(태자혼)」, 『조선일보』, 1970.12.27.
이영준, 「疾病治療上(질병치료상)으로본 民間秘法(민간비법) 迷信(미신))에 對(대)하야 10」, 『동아일보』, 1934.12.8.

도판

〈장화홍련전〉, 1936, 한국영상자료원 소장.
〈장화홍련전〉, 1972, 한국영상자료원 소장.
「괴기행각 - 수동이의 죽엄(5)」, 『매일신보』, 1930.11.30.
「괴담(제3석) - 묘지이변」, 『매일신보』, 1936.6.25.
마루야마 오쿄(円山応挙), 〈유령도〉, 18세기, 도쿠간지(德願寺) 소장.
마루야마 오쿄(円山応挙), 〈오유키의 유령〉, 18세기, UC버클리 미술관 및 태평양 영화 아카이브(UC Berkeley, Berkeley Art Museum and Pacific Film Archive) 소장.
유치봉(兪致鳳), 〈산중희호도〉, 19세기, 서울역사박물관 소장.

3장

한국의 특별한 괴물, 도깨비

1
'진짜 우리 도깨비'를 찾아서

🔥 도깨비와 오니

다음 페이지의 그림은 일제 강점기 소학교 교과서였던 『조선어독본』(1923)과 1939년에 다시 출간된 『초등국어독본』에 실린 삽화입니다. 도깨비들은 윗옷을 벗은 채 풀치마나 동물 가죽 치마를 입고 있습니다. 머리에는 뿔이 났으며 기다란 송곳니가 입 밖으로 튀어나온 모습이네요.

이에 도깨비 방망이까지 더해져 도깨비의 형상은 일종의 전형처럼 완성되었습니다. 한때 우리는 이렇게 도깨비를 그리곤 했지요. 하지만, 정작 이것이 일본 오니(鬼)의 이미지에서 왔다는 건 이제 잘 알려진 사실입니다.

일본의 오니는 불교의 지옥에서 망자를 벌하는 괴물 옥졸들, 또는 그 정도로 무시무시한 괴물을 통틀어 일컫습니다. 일본 고대 설화를 엮은 『금석 이야기집』에는 오니와 관련된 이야기가 많은데, 이들은 인간을 습격하여 잡아먹기도 하고 성별을 바꿔 자유자재로 변신하며 상대를 미혹시키는 능력도 있습니다. 대체로 악하고 두려운 이미지가 강하다는 점에서 사람과 친숙하고 때론 도움을 주는 한국의 도깨비와는 차이가 있습니다.

"오니와 도깨비는 엄연히 다르다, 그러니 우리 도깨비의 고유성을 찾자"는 주장은 1990년대부터 있었습니다. '도깨비 박사'

『조선어독본』(1923) 〈혹 뗀 이야기〉

『초등국어독본』(1939) 〈고부토리지상(こぶとりじいさん)〉

라고 불리는 김종대 선생님이 도깨비 연구와 교육에 특히 앞장섰고, 이제는 달라져야 할 도깨비의 모습에 대해서도 여러 학자가 고증해 나갔습니다. 그러던 중 2016년에 방영된 드라마 〈도깨비〉(tvN)가 대중에게도 달리 생각해 볼 여지를 준 듯합니다. 이른바 '도깨비가 저래도 되나?' 다시 말해 '키 크고 멀끔하게 하고 다녀도 되나?', '방망이는 어디 갔나?', '뿔은 없어도 되는 건가?' 같은 의문을 품게 한 것이죠.

이제 도깨비는 어떤 모습으로 표현되면 좋을까요? 사실 정해진 답은 없습니다. 우리에게 남겨진 도깨비 이야기와 민속자료는 정말 다채롭기 때문입니다. 그러니 새로운 도깨비를 상상해보고 싶다면, 먼저 이 이야기들을 제대로 아는 게 중요하겠지요. 지금부터 옛사람들의 삶 속에서 함께 지냈던 도깨비들을 하나씩 살펴보며, 우리만의 도깨비를 찾아가 보면 좋겠습니다.

🔥 도깨비는 언제부터 우리 곁에 있었을까

도깨비는 지역마다, 시대마다 각양각색으로 불렀습니다. 도채비, 도까비, 돗찌비, 토째비, 토개비, 독갑이, 독각귀, 김서방, 김생원, 영감 등으로 지칭되었고 그 이름만큼이나 관련 설화의 수도 방대합니다.

도깨비의 어원을 알면 그 성격을 대략이나마 짐작할 수 있습니다. 학계에는 크게 두 가지의 설이 있습니다.

· 돗(곡식의 씨앗 또는 불)+아비(성인 남자)
· 돗구(나무)+아비(성인 남자)

돗은 씨앗 또는 불로 해석할 수 있는데, 씨앗에는 생명력, 불씨에는 번영과 신성함이라는 함축적 의미가 있습니다. 여기에 성인 남자를 뜻하는 아비가 붙어 '돗+아비'는 생명력과 번영을 가져다주는 신성한 남성이라는 의미가 됩니다.

돗가비를 '돗구+아비'라고 보는 의견도 있습니다. 돗구는 나무의 오래된 어원입니다. 숲과 나무는 농경 민족의 생존과 직결되는 자원이자 신앙의 대상이지요. 그래서 '돗구+아비'는 나무에 깃든 신 또는 나무를 관장하는 신성한 남성이라는 의미가 됩니다. 이렇게 보니 나무로 만들어진 막대기, 절구공이, 빗자루 등에 정령이 깃들어 도깨비로 변할 수 있다는 생각이 자연스럽게 이어지지 않습니까?

도깨비라는 한글 단어를 가장 먼저 확인할 수 있는 문헌은 『석보상절』(1447)입니다. 세종대왕의 둘째 아들인 수양대군이 엮은 이 책은 석가모니의 일생과 설법을 담은 불교 경전입니다.

돗가비(도깨비)에게 청하여 복을 빌어 목숨을 길게 하고자 하다가 끝내 얻지 못하나니 어리석고 미혹하여 요사스럽고 바르지 못한

『석보상절』(1447)

것을 믿으므로 곧 횡사하여 지옥에 들어가 나올 수 없으니 이를
첫 횡사라 하느니라

이로 볼 때 돗가비는 복과 수명을 비는 대상이었나 봅니다. 그리고 이러한 내용이 왕가에서 편찬한 문헌에 기록되었다는 것은 대부분의 사람에게 도깨비 신앙이 익숙했음을 시사합니다. 다만 불교 경전이니만큼, 요사스럽고 바르지 못한 믿음의 결말은 횡사하여 지옥에 가는 것이라 경고하고 있습니다.

이외에도 『월인석보』(1459)에서는 "망량(魍魎)은 돗가비"라 했고, 조선의 중국어·만주어 어휘 사전인 『동문유해』(1748)에서는 '야차'를 '독갑이'라고 표기하고 '귀화(鬼火)'를 '독갑의 불'이라 하며 그 존재를 드러냈습니다.

그렇다면 도깨비는 조선 시대에 처음으로 생겨난 괴물일까요? 학계에서는 이에 대해 한동안 치열하게 논쟁했습니다.

먼저 한글이 창제되기 전에도 도깨비라는 관념은 있었을 것이며, 돗가비라는 단어가 나오기 전에는 '귀(鬼)'라는 한자로 이를 표현하였다는 입장입니다. 다음의 귀면(鬼面) 모양 유물도 도깨비의 얼굴로 봐야한다는 생각이죠.

어떻습니까? 정말 도깨비 얼굴처럼 보이나요? 이 두 유물은 통일신라 시대의 문고리와 기와입니다. 예로부터 귀면은 무서운 얼굴로 액운을 막는 벽사(辟邪)의 상징이었고, 이를 근거로 도깨비가 인간을 지키는 수호신이라는 해석이 제시되었습니다.[1]

〈금동제 귀면문 고리장식〉, 7-10세기.

〈녹유 도깨비무늬 기와〉, 7-10세기.

귀(鬼)를 도깨비로 해석할 수 있다면 가장 오래된 관련 문헌은 조선 시대 이전, 즉 상고시대까지 거슬러 올라가서도 확인할 수 있습니다.『삼국유사』중 〈도화녀와 비형랑〉을 함께 보시죠. 중간중간 등장하는 '귀중(鬼衆)'이라는 단어의 뜻을 짐작하면서요.

신라 25대 진지왕의 혼령은 도화녀와 정을 통하여 비형을 낳았다. 비형은 15세가 되어 밤마다 귀중(鬼衆)을 모아 놓고 대장이 되어 놀았는데, 새벽종이 울리면 귀중은 흩어지고 비형은 궁으로 돌아왔다. 왕은 이를 알고 비형에게 명하여 신원사에 다리를 놓으라 하니 비형은 귀중을 거느리고 하룻밤 사이에 큰 다리를 완성했다. 이 다리의 이름을 귀교(鬼橋)라고 하였다. 이후 왕이 귀중 가운데 인간 세상에 나와 나랏일을 도울 자가 있는지 묻자, 비형은 길달을 추천하였다. 왕은 길달에게 집사 벼슬을 주었는데 그는 무척 충직했다. 각간(신라 때의 벼슬) 임종에게 아들이 없으므로 왕이 명하여 길달을 양자로 삼게 했다. 임종이 길달에게 흥륜사 남쪽에 문루를 세우라 하니, 길달이 밤마다 그 문 위에 가서 잠을 잤기에 그 문을 길달문이라 하였다. 어느 날, 길달이 여우로 변하여 도망가니 비형랑이 다른 귀(鬼)를 시켜 잡아 죽였다. 그러므로 그 무리들은 비형의 이름만 듣고도 두려워하여 달아났다.

여기서 귀중을 귀신의 무리로 해석할 수도 있습니다. 하지만 이야기 속 귀중은 사람이 죽어서 된 혼령인 귀(鬼)와는 약간 다릅니다. 이들은 주로 밤에 나타나 날이 밝으면 사라집니다. 저희들끼리 모여 놀기도 하고, 인간과 소통하며 도움을 주기도 합니다. 집을 짓는 데 힘을 보태거나, 반대로 인간의 뜻을 어기기도 하죠. 자유롭게 변신할 수 있다는 점도 이들의 특징입니다. 우리가 옛이야기에서 자주 접한 도깨비와 유사한 성격이죠. 그러니 비형랑이 다스린 귀중은 귀신이라기보다는 특별한 능력이 있는 도깨비라고 하는 것이 더 그럴듯해 보입니다.

한편, 귀면은 도깨비의 형상이 아니며 귀라는 글자를 도깨비로 해석할 수 없다는 의견도 있습니다. 귀면은 주로 액운을 막는 역할을 하는데, 도깨비의 특성 중에서 그러한 모습은 찾아보기 어렵기 때문입니다. 또한, 조선의 학자들이 탐구하고 정의한 귀는 대부분 인간이 죽어 혼령이 된 것이기에 도깨비의 특성과 일치하지 않는다고 하지요. 이러한 입장은 귀를 도깨비로 보는 것은 조선 시대에 중국의 귀를 우리말로 옮기는 과정에서 발생했고 이후 일본의 오니(おに鬼)를 조선어로 번역하면서 더욱 굳어졌다고 합니다. 번역과 표기의 단단한 오해로부터 귀면이 곧 도깨비 얼굴로, 귀면와(鬼面瓦)가 도깨비 기와가 되었다는 것이죠.

저는 고대사회에 귀라는 이름으로 존재했던 신비한 현상과 사물들이 점차 여러 모습으로 나뉘고 구체화 되었을 거라고 생각합니다. 그중 일부가 도깨비 이야기가 되어 오늘날에 이르렀을 것이고요.

우리는 도깨비에서 부정적인 귀의 모습을 감지하기도 하고,

때론 숭배받는 신의 면모를 느끼기도 합니다. 그러면서 한편으로는 인간적인 모습으로 바라보기도 하니 그야말로 도깨비는 알쏭달쏭한 괴물임이 분명합니다. 하지만 전통적인 인식, 그리고 학자들의 공통적인 견해는 '도깨비는 사람 곁에서 자연스레 어울린 괴물'이었다는 점입니다. 그러니 이 부분을 중요하게 여기며 여러 도깨비 이야기를 만나보면 좋겠습니다.

🔥 도깨비의 모습: 형태가 없는 게 형태

다음은 우리나라 최초의 도깨비 그림이라고 알려진 〈귀화전도(鬼火前導)〉입니다. 이 그림은 조선 후기의 유명 화가인 허련(1809-1892)이 채씨 집안의 부탁으로 그린 〈채씨효행도〉[2] 연작 중 하나입니다. 2008년 국립광주박물관에서 〈소치 허련 탄생 200주년 기념전〉을 준비하던 중 처음으로 발견되었다고 합니다. 예로부터 우리나라는 귀신, 도깨비 또는 괴이한 현상을 그림으로 남긴 예가 무척 드물었는데, 이름 높은 화가가 그린 최초의 도깨비 그림이라는 사실만으로도 학계의 이목을 끌었습니다.

〈귀화전도〉는 채홍염이라는 실존 인물의 효행을 바탕으로 한 그림입니다. 그림 속 갓을 쓴 선비가 바로 채홍염인데, 그는 병든 아버지를 지극히 돌보았습니다. 아버지의 대변을 맛봐 건강을 확인하고 자신의 손가락을 깨물어 낸 피를 입에 넣어드릴 정도로 정성을 다했지요. 하지만 아버지는 그만 돌아가시고 맙니다. 그는 매년 기일이 되면 제사를 지내기 위해 무덤을 찾았습니다. 그러던 어느 해 기일, 비바람이 너무 거세어 무덤에 제때 갈 수 없게 되자 채홍염은 산길에서 울음을 터뜨렸습니다. 그러자 어디선가 나타난 도깨비가 그를 이끌어 주었고, 채홍염은 시간 안에 제사를 지낼 수 있었습니다.

굵은 흑색 선에 진한 농도로 채색된 채홍염과 달리, 앞에서 길을 안내하는 도깨비는 흐릿한 반투명으로 그려집니다. 이는 도깨비를 주변에 실존하는 자연물·인물과 대비되게 묘사한 화가의 의도가 아닐까 합니다. 다만 도깨비 손의 횃불로 표현된 귀화(鬼火)만은 누렇고 푸른 배경 사이에서 한눈에 알아볼 수 있는 붉은 색입니다. 어린아이처럼 작은 도깨비는 한 손에 횃불을 들고, 어서 따라오라는 듯 채홍염을 바라봅니다. 다른 손으로는 나아갈 길을 가리키고 있지요. 막막한 상황에 놓인 채홍염에게는 이 모습이 구원처럼 느껴졌을 것입니다.

불꽃으로 나타나는 도깨비 이야기는 문헌에도 남아있습니다. 성현이 『용재총화』에 기록한 내용입니다.

우리 외숙 안공이 젊었을 때의 일이다. 말을 타고 어린 종 한 명과 별장으로 가던 중, 별장에서 10리(약 4킬로미터)쯤 떨어진 곳에 이르렀을 때 날이 갑자기 어두워졌다. 사방을 둘러보아도 인기척은 없었는데, 동쪽 고을 쪽에서 횃불이 어른거리더니 떠들썩한

허련, 〈귀화전도〉, 1869.

소리까지 들려왔다. 누군가 사냥을 하는 듯했다. 그 기세가 점차 가까워져 마침내 좌우 5리를 빈틈없이 에워쌌다. 모두 도깨비불이었다. 외숙이 진퇴양난으로 어찌할 바를 모르다가 말을 채찍질해 앞으로 7, 8리를 달려가니 도깨비불이 모두 흩어졌다.

하늘은 흐려 비가 부슬부슬 내리고 길은 더욱 험해졌지만, 외숙은 도깨비가 도망친 것이 내심 기뻐서 무섭던 마음이 조금 가라앉았다. 그런데 한 고개를 넘어 돌아 내려가는데 조금 전에 보았던 도깨비불이 다시 겹겹이 앞길을 막았다. 외숙이 다른 계책이 없어 칼을 뽑아 들고 소리치며 돌진했는데, 도깨비불이 일시에 모두 흩어져 우거진 풀숲으로 들어가더니 곧 손뼉을 치며 큰 소리로 웃었다.

원문에서는 이 이상한 불을 귀화(鬼火)로 표기하는데, 학자들은 이를 도깨비불로 해석합니다. 사람을 계속 쫓아오고 나타났다 흩어졌다를 반복하며 큰소리로 웃기까지 하는 도깨비불이라니. 비 오는 산길에서 마주친다면 다리가 풀려 주저앉을 것만 같습니다.

이외에도 문헌과 민담에서 도깨비는 여러 형태로 나타납니다. 먼저, 임동권 선생님이 조사한 민담을 보겠습니다.

옛날에 한 젊은이가 장에 갔다 오는 길에 산에서 도깨비를 만났다. 도깨비는 씨름을 하자고 젊은이에게 청했다. 젊은이는 도깨비와 씨름을 해서 여러 번 이겼다. 도깨비는 자꾸 대들었지만, 다리가 하나밖에 없는지라 덤빌 때마다 다리를 감아 넘어뜨렸더니 나중에는 달아나고 말았다고 한다.

도깨비를 가리키는 여러 이름 중 독각귀(獨脚鬼)가 있는데, 다리가 하나인 괴물이라는 뜻입니다. 그렇지만 모든 도깨비의 다리가 하나인 것만은 아닙니다. 대체로 도깨비는 건장한 청년이나 머슴의 모습이며 강한 성욕의 소유자로 표현되곤 합니다.

나의 친구 성번중의 집에서 언젠가 도깨비가 장난을 쳤다. 초저녁 종이 울릴 무렵 서산의 수풀 속에서 도깨비가 유유히 나와서는 돌을 던지기도 하고 불을 붙여오기도 했다. 그 도깨비는 한 여종을 겁탈하여 아이까지 가지게 했는데, 그녀의 말에 따르면 마치 사람과 접촉하는 느낌이었다고 한다. 이러한 일이 여러 집에서 일어났다. 의원들은 이렇게 임신이 된 아이를 '귀태(鬼胎)'라 했는데 아무리 막으려 해도 도저히 방도가 없었다.

김안로는 『용천담적기』에서 이 이야기 속 괴물을 귀(鬼)로 표기합니다. 따라서 귀신으로 번역할 수도 있고, 도깨비로 번역할 수도 있습니다. 다만 장난을 치며 돌을 던지고 불을 붙인다는 점, 인간과 접촉하고 싶어한다는 점 등은 인간에게 대접받기를 원하거나 맺힌 한을 풀고자 하는 귀신과는 다르다는 인상을 줍니다.

즉, 인간과 교류하고 그 안에서 슬며시 함께 지내고 싶어 하는 도깨비의 면모가 더 강하지요.

비슷한 이야기는 『계서야담』에도 등장합니다. 인삼 장수 최부자의 어머니는 밤마다 찾아오는 한 사내와 관계를 맺었고, 그 대가로 많은 재물을 얻습니다. 그녀는 이 사내를 귀물(鬼物)이라 칭하며, 그가 황색을 두려워한다는 사실을 알게 된 후에는 집 안 곳곳을 노랗게 칠해 그를 떨쳐냅니다.

물건이 변해서 도깨비가 된 경우도 있습니다. 처음에는 여인·총각·행인 등으로 사람 앞에 나타나지만, 알고 봤더니 빗자루·부지깽이·나뭇등걸이었다는 겁니다. 이런 형태의 이야기는 『한국구비문학대계』의 〈도깨비와 씨름하기〉에서 자주 등장하는 패턴입니다.

옛날에 한 젊은이가 밤길을 가다가 우연히 미인을 만나 하룻밤을 더불어 지냈다. 이튿날 아침에 요란한 소리에 깜짝 놀라 잠을 깨어 보니 어느 큰 다리 밑에 헌 부지깽이 하나를 껴안고 있었다고 한다.

우리 집안 아재 한 사람은 체격이 엄청 좋고 키가 큰 분이었다. 시장에 가 술을 한잔 잡숫고 배를 타고 건너오는데 어떤 키가 큰 놈이 아재를 잡아 제쳤다. 그래서 둘이 실랑이를 하다가 아재가 이겼다. 아재는 허리끈을 끌러서 그놈 모가지를 감아 버들가지에

탁 묶어놨는데 다음날 술이 깨서 보니 빗자루 몽둥이가 불끈 매어져 있었다고 한다.

옛날에 울 아버지가 개울에 있는 물방아실에 방아를 찧으러 갔다. 쌀방아 찧어서 지게로 지고 오는데 도채비란 놈이 도랑에서부터 자꾸 씨름을 하자고 했다. 그래서 지게 작대기로 딱 지게를 받쳐 세워 놓고 아버지가 "그래, 씨름하자." 하니까 "그럼, 씨름하자."고 하더란다. 아버지가 허리끈을 딱 끌러 도채비 모가지 딱 훑쳐서 팽나무 밑에다 매어놨다. 그런데 아침에 가서 보니 빗자루 몽댕이였다고 하더라. 부엌 바닥 쓰는 빗자루 몽댕이. 참 희한한 도채비 아닌가(웃음).

우연히 도깨비를 만난 이야기, 씨름한 이야기는 대개 밑도 끝도 없이 '도깨비를 만났는데-'로 시작되곤 합니다. 그리고 글로 쓰인 문헌보다는 민담·설화처럼 말로 전해지는 자료에서 더 많이 확인됩니다. 그 대상이 정말로 도깨비였는지는 알 수 없지만, 아마도 옛사람들은 설명하기 난해하거나 희한한 일에는 도깨비가 개입되어 있다고 생각한 모양입니다. 주변의 큰 나무, 자주 보는 사물을 도깨비로 인식하기도 했고요. 이런 이야기들은 '도깨비는 우리 앞에 언제든, 무엇으로든 나타날 수 있다'는 옛사람들의 믿음을 보여줍니다.

불꽃, 사람, 사물이 되어 나타나는 도깨비. 이쯤 되면 정해진 모습이 없다고 생각할 법도 합니다. 맞습니다. 뾰족한 송곳니에 긴 뿔이 돋고, 방망이를 든 채 가죽 치마를 입은 캐릭터로만 묘사하기에는 너무나 다채로운 괴물 아닌가요?

2
도깨비의 성격

🔥 어수룩하고 세상 물정 모르는 놈

도깨비에게는 특별한 능력이 있습니다. 앞서『석보상절』에서는 사람들이 도깨비에게 복과 장수를 빕니다. 도깨비가 이 부분에 도움을 줄 것이라 기대했기 때문이겠죠.『삼국유사』의 〈도화녀와 비형랑〉의 도깨비 무리는 하룻밤 사이에 절 주변의 다리를 뚝딱 세웁니다. 그래서 도깨비랑 친해지면 어려운 일도 꽤 수월하게 처리할 수 있고, 쉽게 부자가 될 수도 있습니다. 하지만 도깨비는 능력에 비해 영리한 편은 아닙니다. 다소 옹졸하기도 하고요. 임석재 선생님이 조사한 몇몇 도깨비 이야기를 함께 보시죠.

도깨비와 친해진 어떤 사람이 있었다. 도깨비가 갖다준 돈으로 논밭을 많이 사서 잘살게 되자, 그 사람은 더 이상 도깨비와 어울리고 싶지 않아졌다. 떨쳐낼 방법을 궁리하던 그는, 어느 날 도깨비에게 "세상에서 제일 무서운 게 뭐냐"고 물었다. 도깨비는 아무 의심 없이 "말피(또는 말대가리)"라고 대답했다. 도깨비 또한 되묻기를, "그럼 너는 뭐가 제일 무섭냐"고 하자, 그 사람은 "돈"이라고 답했다. 이후 그 사람은 대문에다 말대가리를 걸어 놓았고, 도깨비가 찾아왔다가 이것을 보고는 괘씸하게 여겨 돈을 마구마구 그의 집에 던졌다. 그 사람은 무서워하는 체하면서 죽는 시늉을 하였다. 그런데 도깨비가 생각해 보니 그 행동은 거짓이었고 오히려 이 사람이 더 좋아하고 있다는 것을 알게 되었다. 화가 난 도깨비는 그를 망하게 하려고 논의 네 귀퉁이에 말뚝을 박아 큰 동아줄로 얽어매고 영차영차 힘을 주며 논을 떼가려고 하였다.

이 사람은 도깨비와 친해져서 부자가 되었지만 이후 도깨비를 떼어놓기 위해 머리를 씁니다. 도깨비가 속절없이 당하는 모습을 보면 그 뛰어난 능력은 어디에 두고 저러나 싶기도 하고, 교활한 인간에게 배신당한 모습이 안타깝기도 합니다. 인간이 무서워한다길래 돈을 마구마구 던져 줬지만, 이 역시 속임수였다는 것을 안 도깨비가 최후의 복수로 논을 떼 가려는 모습도 그저 웃음만 나옵니다. 방법도 어리석을뿐더러 저래서 분풀이가 되겠나 싶죠. 그야말로 세상 물정 하나 모르는 도깨비입니다. 도깨비가 이용만 당한 이야기는 또 있습니다.

한 과부가 도깨비하고 친해지면 부자가 될 수 있다는 말을 듣고, 그가 좋아하는 메밀묵을 쑤어놓았다. 밤이 되자 도깨비가 찾아와서 메밀묵을 먹었고 과부는 도깨비를 자기 방으로 불러들여 곧 친해졌다. 이후 금은보화를 요구하자 도깨비는 얼마든지 가져다주었고, 과부는 곧 부자가 되었다. 그러자 이번엔 도깨비가 귀찮아지기 시작했다. 과부가 "무엇이 가장 무섭냐"고 묻자, 도깨비가 그런 걸 왜 묻냐며 의아히 여겼다. "싹 치워버리려고 그러지"라고 과부는 대답했다. 과부가 진심으로 자기를 위한다고 여 긴 도깨비는 말의 피(혹은 말 대가리)라고 대답했다. 과부는 다음날 부터 집 둘레에 말의 피를 뿌려 놓았다(혹은 집에 말 대가리를 걸어 놓았 다). 밤이 되어 도깨비가 과부의 집에 찾아갔다가 그것을 보고 기겁하며 도망쳤다. 도망치면서 도깨비는 "여자에게 속 주지 마소, 여자란 못 믿을 것이오"라고 외쳤다고 한다.

인간은 도깨비의 도움으로 부자가 되더라도 결코 그를 곁에 두지 않고 물리치려 합니다. 도깨비를 이용하여 욕심을 채우는 이야기들은 다분히 인간 중심의 관점에서 쓰였지요. 도깨비의 괴이한 능력이 고맙지만 한편으로는 해를 입지는 않을지 두렵기도 한 겁니다. 결국 아무리 뛰어난 도깨비라도 인간의 지혜로 다스릴 수 있다는 우월감, 그리고 그가 다른 세계에 속한 존재이기에 함께할 수 없다는 확고한 태도도 보입니다. 사람을 진심으로 믿었다가 호되게 당하고 "속 주지 마소"라고 외치며 달아나는 도깨비. 서운함에 밤새 땅을 쳤을지도 모르겠습니다. 그러나 다시금 친해질 사람을 찾아 나설 도깨비의 모습이 상상되는 것은 왜일까요?

단순한 성격이 주는 행운과 불운

가장 유명한 도깨비 이야기를 하나 꼽아보자면 뭐니 뭐니 해도 〈혹부리 영감〉입니다. 주인공 혹부리 영감은 우연히 도깨비를 만나 혹을 떼고 재물도 얻는 행운을 거머쥡니다. 이후 이웃집의 혹부리 영감도 같은 행운을 얻고자 도깨비를 찾아갔지만, "저번 영감도 거짓말을 하더니 너도 거짓말을 하는구나"라며 혹 하나를 더 붙이고 오는 낭패를 당합니다. 여러분도 잘 아는 '혹 떼러 갔다가 혹 하나 더 달고 왔다'라는 속담이 여기서 유래했습니다.

〈개암과 도깨비〉도 이와 비슷합니다. 이 작품의 원형인 〈방이 설화〉는 9세기 중국 설화집 『유양잡조(酉陽雜俎)』에 신라의 이야기로 소개됐습니다. 여기서도 한 사람은 도깨비 방망이를 얻어 부자가 되고, 다른 사람은 그를 따라 하려다 큰 화를 입습니다.

두 이야기에 등장하는 도깨비 모두 인간에게 우연히 행운과 불운을 가져다 주는데, 그 기준이 그다지 합리적이지는 않습니다. 〈혹부리 영감〉의 도깨비는 먼저 온 영감 말에 속고, 다음 영감에게 그 분풀이를 했죠. 〈개암과 도깨비〉 역시 비슷합니다. 도깨비는 '한 번 속지 두 번 속냐?'는 입장이겠지만, 설레는 마음을 안고 뒤따라간 후발 주자들에게는 억울한 상황입니다. 운이 없어도 이렇게 없을 수가 있나 싶지요.

도깨비들은 사람의 말을 쉽게 믿고, 앞뒤 가리지 않고 하고 싶은 대로 행동합니다. 어디로 튈지 모르는 도깨비의 성격은 인간에게 뜻밖의 사건 사고로 다가옵니다. 누군가에겐 인생에 드문 행운이지만, 또 다른 누군가는 큰 잘못을 하지 않았는데도 화를 입게 되니까요. 부자가 되고 싶어서 도깨비를 만나러 간 사람들을 그 누가 비난할 수 있겠습니까? 그들은 욕심보다 기대에 가까운 마음으로 문을 두드렸을 뿐입니다.

한편, 도깨비의 단순함은 욕심을 경계하고 교훈을 주는 방향으로 활용되기도 했습니다. 앞선 이야기에서 혹을 떼 낸 영감은 착한 사람, 혹을 하나 더 붙인 영감은 심술궂은 사람으로 묘사됩니다. 〈개암과 도깨비〉에서도 가난한 동생은 마음씨 고운 인물, 부자인 형은 욕심 많은 인물로 등장하죠. 동생은 개암을 하나씩 집으며 가족을 떠올립니다. 아버지, 어머니, 형, 형수 순으로 나누고 마지막에야 자신 몫을 챙깁니다. 반면 형은 처음부터 자기 입만 생각하죠. 가족은 뒷전이고 말입니다. 두 형제의 대비되는 성격은 이런 사소한 행동에서 확연히 드러납니다.

공동체 중심의 사회에서는 타인을 먼저 생각하는 태도가 중요한 덕목이었습니다. 물론 그런 마음가짐으로는 부를 쌓기 어려웠을지도 모릅니다. 당장의 이익을 따지는 사람이 재산을 더 많이, 빠르게 모을 수 있었겠지요. 그럼에도 옛이야기는 늘 인간 내면의 선한 마음에 더 큰 가치를 둡니다.

이야기 속 도깨비들은 권선징악을 노골적으로 말하지 않습니다. 무엇보다 도깨비는 그리 도덕적이지도, 합리적이지도 않은 괴물이니까요. 하지만 도깨비 이야기에는 진실한 삶의 방향을 추구하면 언제든 행운을 만날 수 있다는 믿음이 담겨 있습니다.

🔥 장난기 많고 심술궂은 괴물

'도깨비 장난'이라는 관용어가 있을 만큼, 도깨비는 짓궂고 심술을 잘 부립니다. 어떤 이야기에서는 도깨비가 어느 집 잔칫날에 솥뚜껑을 종이처럼 구겨서 솥 속에 넣어버리고, 삶아 놓은 국수는 뒷산 소나무에 걸어 놓고, 황소를 지붕 위에 올려놓았다고 합니다.

하지만 심술 사나운 도깨비의 성격을 역으로 이용해 이득을 본 사연도 있습니다. 도깨비 장난 때문에 농사를 망치게 된 어느 농부는, 논에 나가 일부러 이렇게 외칩니다. "올해는 돌도 많고 물도 없으니 농사가 잘되겠네!" 도깨비가 그 말을 들었는지, 다음 날 논에서 돌이 싹 사라지고 물이 가득 찼습니다. 농부는 다시 외칩니다. "쇠똥은 거름도 안 되고 냄새만 고약하지!" 그러자 이번엔 논에 쇠똥이 한가득 쌓여 풍년이 들었다고 전해집니다.

한편, 도깨비는 사람이 자신에게 한 약속을 지키지 않으면 유치한 복수를 하기도 합니다. 임석재 선생님이 조사한 도깨비 이야기에는 이런 내용이 여럿 있습니다.

어느 날 밤, 한 사람이 냇가에서 게를 잡고 있었다. 도깨비가 나타나 "메밀묵을 쑤어주면 게를 많이 잡게 해주겠다"고 했고, 그는 "게부터 잡고 나서 하겠다"고 답했다. 도깨비가 도와줘서 게를 잔뜩 잡았지만, 그는 약속을 지키지 않았다. 화가 난 도깨비는 냇물에 말똥을 떠내려 보냈고, 게인 줄 알고 그것들을 주워 담던 이 사람은 결국 도깨비에게 속았다며 투덜거렸다.

경북 영덕의 오십천에는 단단하게 막은 보가 있다. 이 보는 도깨비가 쌓은 보라고 한다. 옛날, 이 고장 사람들이 보를 쌓는데 아무리 해도 터지기를 반복했다. 이때 도깨비 떼가 나타나 메밀묵을 쑤어주면 보를 쌓아주겠다고 했다. 그래서 영덕골 사람들이 메밀묵 수백 동이를 쑤어 도깨비에게 주었다. 메밀묵을 먹은 도깨비들은 돌을 날라다 보를 열심히 쌓았다. 그런데 그들 가운데 한 도깨비가 메밀묵을 먹지 못했다. 이 도깨비는 제가 맡은 곳을 쌓지 않았다. 이후 아무리 비가 많이 와 홍수가 나도 보가 터지지는 않았지만 한 군데는 아무리 큰 바위로 막아도 터졌다고 한다.

어떤 사람이 냇가에 그물을 쳐 고기를 잡고 있었다. 도깨비가 사람의 모습으로 나타나, 떡 한 시루를 쪄 주면 고기를 많이 몰아주겠다고 말했다. 그 사람은 그렇게 하기로 약속했고, 도깨비는 그를 믿고 고기를 기꺼이 몰아주었다. 이튿날, 그가 다시 냇가에 가자 도깨비는 떡을 안 쪄왔냐고 물었다. 그가 잊었다고 하자 도깨비는 내일은 꼭 가져오라고 일렀다. 하지만 다음 날도 그가 빈손으로 나타나자, 도깨비는 화가 나 그의 그물에 뼈다귀만 몰아주고는 "입이나 삐뚤어져라!" 하고 외쳤다. 다음 날, 그 사람의 입은 정말로 삐뚤어져 있었다.

도깨비와의 약속을 지키지 않아 골탕을 먹은 사람들의 이야기는 신의의 중요성을 보여줍니다. 농업에 의존하던 전통사회에서는 이웃 간의 협력과 약속이 생계와 직결됐고, 그 감각은 옛이야기에도 자연스럽게 배어 있습니다. 벌이 크거나 끔찍하진 않지만, 약속을 어긴 사람은 그에 상응하는 대가를 치르게 되지요. 누군가를 속인 일이 결국 자신에게도 좋지 않게 돌아온다는 점을 도깨비가 은근히 상기시켜 줍니다. 옛 이야기에서 속이려다 손해 보는 쪽은 아이러니하게도 언제나 그 약은 사람이라는 것을요.

 도깨비의 성격과 취향 총정리

- 뛰어난 능력을 가지고 있다.
- 사람의 일을 방해하지만 그 과정에서 의도하지 않은 도움을 주기도 한다.
- 사람을 좋아해서 가까워지고 싶어한다.
- 생각이 단순하고 기억력이 좋지 않다.
- 세상 물정을 잘 모른다. 돈의 가치, 사람의 교활함 등에 무지해서 잘 이용당한다.
- 약속을 지키지 않은 사람에게는 반드시 복수한다.
- 노래, 씨름, 메밀묵, 떡을 좋아한다.
- 말 피와 말 대가리, 흰 동물을 무서워한다.

3
도깨비는 왜 인간 앞에 나타날까

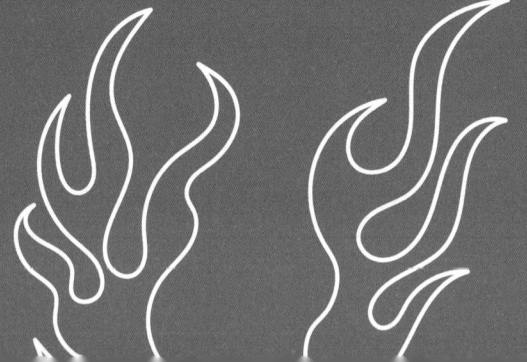

🔥 도깨비와 손잡는 기술

도깨비는 왜 인간 앞에 나타날까요. 이 질문을 조금 비틀어 보면 '인간은 왜 도깨비를 만들었을까'라는 뜻이 됩니다. 인간이 도깨비에게 어떤 삶의 모습을 투영했는지, 어떤 소망을 담아냈는지를 살펴보며 숨은 의미를 함께 찾아보면 좋겠습니다.

제주도에서는 도깨비를 '영감'이라고도 합니다. 영감은 나이 많은 남자라는 뜻으로 쓰이지만 옛날에는 지위 높은 양반의 의미가 강했습니다. 제주도 사람들은 도깨비 영감이 집안을 지켜주고 물고기를 몰아준다고 믿었습니다. 하지만 이 신은 마냥 선하고 마음씨가 좋지만은 않습니다. 이미 보았다시피 꽤 심술궂고 변덕도 죽 끓듯 합니다.

서울 남산 먹자고을에서 허정승의 아들 일곱 형제가 태어났는데, 큰아들은 백두산, 둘째는 태백산, 셋째는 계룡산을 차지했다. 그리고 넷째는 무등산, 다섯째는 지리산, 여섯째는 유달산을 맡았다. 끝으로 막내는 제주 한라산을 차지해서 일곱 형제 모두가 영감신이 되었다.

영감신들은 양태(둥근 테두리)만 간신히 남은 낡은 갓을 썼고, 깃만 남은 헤진 도포를 입었다. 신발은 올이 낱낱이 풀려버린 떨어진

미투리를 신었다. 그들은 곰방대를 물었으되 한 뼘도 되지 않아 그 꼴이 초라하고 우스꽝스러웠다. 그러나 영감신들은 한 손에는 연불(煙火), 한 손에는 신불(神火)을 들고 천리만리를 순식간에 날아다니며, 사람들이 후하게 대접하면 일시에 그를 큰 부자가 되게 해주었다. 특히 어부들이 영감신을 잘 위하면 고기떼를 한꺼번에 몰아주었다.

영감신들은 돼지고기와 수수떡, 소주를 좋아하고 시원한 간이나 더운 피도 좋아한다. 취한 채 해변, 산중 어디에나 놀러 다니는 걸 좋아하고, 비가 오려는 침침한 밤이나 안개 낀 음산한 날을 좋아하여 이런 날 유독 잘 나타났다. 무엇보다 해녀나 과부, 미녀를 좋아해 같이 살자고 따라붙는 일이 많았다. 밤에 몰래 여자의 방에 드나들며 몹쓸 짓을 하고, 이들 여성에게 병을 주기도 했다.

제주도의 〈영감본풀이〉라는 서사무가(무당들이 굿판에서 노래로 전하는 긴 이야기)에서 도깨비 영감을 묘사한 대목입니다. 일곱 형제인 영감신들은 허름한 행색이지만 고기떼를 몰아 주는 특출난 능력이 있고, 여성을 좋아하면서도 한편으로는 병에 걸리게 합니다. 이를 낫게 하려면 입춘날에 〈영감놀이〉라는 굿을 해야 하는데, 영감신 중 막내가 여성의 몸에 깃들어 있다는 설정으로 시작합니다. 무당은 영감신 일곱 형제를 모두 불러서 한바탕 놀아드리고 잘 대접한 뒤 "말썽부리는 막내 좀 데리고 가시라"고 하지요. 굿판의 제물은 돼지고기, 수수떡, 소주 등 영감신이 특히 좋아하는

〈제주 칠머리당영등굿〉 중 '영감놀이', 2007.

음식들로 준비합니다. 이 굿의 마지막에는 무당이 제주도 특산품을 짚으로 만든 배에 싣는 시늉을 하고, 영감신으로 분장한 이들은 막내 역할을 맡은 이와 함께 바다에 짚배를 띄워 보냅니다. 그러면 사람들은 모든 영감신들이 이 배를 타고 마을을 떠나간 것으로 여깁니다.

〈영감놀이〉는 연극적 성격의 굿입니다. 사람들은 희한한 몰골로 등장한 이들을 그 순간만큼은 진짜 도깨비로 받아들입니다. 그리고 이들을 잘 달래서 돌려보내면 자신들의 어려움이 해결되리라 생각합니다. 도깨비가 병을 옮기고, 무당이 굿을 하여 병을 고친다는 믿음은 오늘날 과학이 지배하는 사회에서 분명 비현실적으로 보일 수 있습니다. 하지만 신앙이란 본디 어느 정도의 허구를 품고 있는 법이지요. 삶에는 논리와 과학으로는 설명되지 않는 일이 예상보다 훨씬 많지 않습니까? 가끔은 말도 안 되는 믿음이, 말이 안 될 만큼 절실한 순간에 우리를 붙잡아줍니다.

제주 사람들도 그랬겠지요. 늘 바다를 가까이하고 살기에 행복하면서도 불안했을 것입니다. 바다는 풍요로운 양식을 주는 고마운 존재이면서 동시에 일시에 생명을 앗아가는 두려운 대상이니까요. 그래서 마을 사람들은 건강을 지켜주고 풍어를 가져다 주는 도깨비 신을 잘 대해줄 수밖에 없었습니다. 비록 그 도깨비가 먹고 놀기만 좋아하고, 괜히 여자들을 곤란하게 하는 얄미운 존재일지라도요.

세상의 이치는 대체로 양면적입니다. 무엇이든 나를 완벽히

만족시킬 수 없고, 선한 의도라 하여 언제나 좋은 결과를 내는 것도 아니죠. 어쩌면 신조차도 무결할 수 없습니다. 그러니 단점이 있다고 해서, 혹은 나에게 잘못한 바가 있다고 해서 대상을 미워하고 적대시하기보다는 가능하면 타협하여 나에게 도움이 되는 바를 추구하는 것이 나을 수 있습니다. 적어도 옛사람들은 그와 같은 생각을 하며 살아간 것이 아닐까 합니다.

우리의 세계를 온전히 침식시키려는 사악한 존재가 아니라면 때로는 괴물과도 화해해야 할 때가 있습니다. 그를 받들어주고 잘 대해주면서 말입니다. 도깨비 신앙은 우리 민족이 두려운 대상을 어떻게 대하고 있는가, 공동체를 위해서 괴물의 능력을 어떻게 인간에게 유리한 방식으로 끌어왔는가를 생각해 보게 합니다.

 서해안 도깨비는 물참봉

서해안 지방의 도깨비는 물참봉(참봉: 조선의 최말단직 벼슬)으로 불리며, 주로 선착장 주변에 살면서 어민들을 도와준다고 여겨졌습니다. 어민들은 갯가의 나무를 '참봉나무'로 정해두고 바다에 나가기 전에는 밥 덩어리나 떡 같은 제물을 근처에 뿌렸습니다. 물참봉이 대단한 신은 아니지만 언제든지 어부들에게 심술을 부릴 수 있기 때문에 잘 봐달라고 미리 달래두는 것이지요.

🔥 인간의 소망과 한계

예나 지금이나, 부자가 되는 일은 말처럼 쉽지 않습니다. 전통 사회에서는 철저한 신분제 탓에 부를 축적할 만한 지위가 아무에게나 주어지지 않았고, 오늘날의 자본주의 구조에서도 자수성가한 이야기는 희귀하기에 '성공 신화'라는 타이틀로 회자되곤 하죠. 그러니 누구나 한 번쯤은 뜻밖의 행운이 찾아오기를 기다리나 봅니다. 그리고 이야기 속 도깨비는 그 소망을 슬쩍 손에 쥐여줍니다.

우리는 앞에서 도깨비와 친해져서 부자가 된 사람들의 이야기 여러 편을 보았습니다. 〈개암과 도깨비〉, 〈혹부리 영감〉에서는 도깨비 방망이를 휘두르거나 땅에 두드리면 금은보화가 쏟아졌습니다. 말 그대로 누구나 탐낼 만한 행운이지요.

또한, 도깨비는 부도덕하고 공동체에 문제를 일으키는 사람을 벌하는 괴물이기도 합니다. 물론 도깨비가 이를 의도적으로 행하는 것이 아니기에 그 과정은 전혀 진지하지도, 엄숙하지도 않습니다.

〈혹부리 영감〉 이야기의 가장 오래된 버전이라 볼 수 있는 『유양잡조』의 〈방이설화〉에는 심술궂은 아우가 도깨비에게 코를 뽑혀, 코끼리 코만큼 길어집니다. '내 코가 석 자'라는 속담이 여기서 유래했지요. 근대 민담인 『조선동화집』의 〈금봉은봉 설화〉에서는 도깨비가 방망이를 휘두르자 악당의 몸이 뱀같이 길게 늘

어난 채 입은 새부리처럼, 눈은 토끼처럼 변형됩니다. 이야기에 따라 팔, 다리, 혀가 길게 늘어나는 벌을 받기도 합니다. 당하는 입장에서야 괴롭겠지만 부조리에 시달려온 이들에겐 그 장면이 정당한 대가이자 통쾌한 한 방처럼 느껴질 수 있습니다.

한편, 도깨비는 인간의 한계를 직면하게도 합니다.『한국구비문학대계』에 담긴 〈도깨비 감투〉 이야기를 소개해 봅니다.

어떤 사람이 도깨비를 만나 감투를 얻게 되었다. 그걸 머리에 써 보니, 자기 모습이 감쪽같이 사라졌다. 그때부터 그는 감투를 이용하여 잔칫집 음식을 훔쳐 먹기도 하고, 제사나 생일상 음식을 가져와서 도깨비들과 나누어 먹곤 하였다. 이렇게 몇 년간이나 훔쳐먹고 살던 어느 날, 부인의 실수로 감투 일부를 태우고 말았다. 어쩔 수 없이 탄 부분에 검정 칠을 했는데 그 부분만은 감춰지지 않아 허공에 검은 점이 둥둥 떠다니는 모양이었다. 그는 끝내 사람들에게 본모습을 들켜 혼쭐이 나고 말았다.

판타지 장르에서는 제 모습을 감출 수 있는 캐릭터가 종종 등장하는데, 도깨비 감투는 도구가 그와 같은 역할을 한다는 점에서 조금 더 긴장감을 줍니다. 그저 도구일 뿐이기에 언제든지 망가질 수 있고, 들킬까 조마조마하지요.

그런 면에서 도깨비 감투는 위험한 행운이 아닐까 합니다. 도깨비 감투를 얻은 인간들은 이 도구가 영원하지 않을 줄 알면서도 쉽게 자만에 빠져 결국 행운을 놓치고 맙니다. 감투를 아끼고 잘 보관하면 되지 않겠냐고요? 맞습니다. 하지만 인간은 불완전한 존재기에 실수를 거듭하지요. 그래서 우리는 삶이 어디로 흘러갈지 짐작조차 못할 때가 많습니다.

도깨비 이야기는 부를 열망하는 인간의 오래된 바람, 부를 얻는 사람은 선했으면 하는 보편적 도덕관을 보여줍니다. 그와 동시에 과욕과 방종은 언제든 일을 그르칠 수 있다는 경고를 담고 있습니다. 어수룩해 보이는 도깨비가 나타나 우리 인간의 다양한 모습을 거울처럼 비춰 보이는 것이죠.

🔥 험한 세상을 살아가는 지혜

옛이야기를 가만히 보고 있자면 도깨비는 사람과 비슷한 데가 많습니다. 누군가의 잔칫날 괜히 심술을 부리기도 하고, 사람을 골리기 위해 쓸데없이 힘을 쓰기도 합니다. 자신과의 약속을 지키지 않은 사람에겐 나름대로 복수도 하지요.

한 번쯤 살아가면서 도깨비 같은 인간을 만나보았을 것입니다. 또는 내가 그런 사람이었던 적도 있겠죠. 내 마음을 나도 잘 몰라서 친구를 서운하게 한 경험, 또는 누군가에게 공연히 심술을 부린 경험이 있지 않습니까? 어쩌면 도깨비는 쉽게 이해할 수 없는 누군가, 또는 이해하지 못하는 나 자신의 여러 모습을 투영해 만든 괴물일지도 모릅니다.

세상은 늘 합리적이고 이성적인 방향으로만 굴러가지 않습니다. 우리는 도깨비처럼 메밀묵 하나에 울고 웃고, 마음 끌리는 대로 덜컥 일을 저질러 버리기도 합니다. 그 과정에서 뜻하지 않은 행운과 불행을 맞기도 하고요. 다만 어떻게 그 상황을 유연하고 너그럽게 받아들이느냐가 관건이죠.

그런 점에서 이야기 속에서 도깨비를 대하는 사람들의 태도를 보면 참 자연스럽습니다. 천연덕스럽게 대화를 나누고, 도깨비의 성격을 이미 잘 이해하고 있어 그를 이용할 줄도 압니다. 엉뚱한 일이 벌어지면 당황하거나 분노하기보다 그냥 도깨비가 그랬나 보다 하고 넘기기도 하지요. 어찌 보면 지혜롭지 않나요? 험한 세상에 태어났지만 험하지 않게 살아가기 위한 방식은 아니었나 합니다.

오늘 짜증나는 일이 있었나요? 도깨비 장난일 수 있으니 너무 마음 쓰지 말고 가볍게 흘려보내는 건 어떨까요. 혹시 압니까, 시일이 지나 그 일이 나에게 뜻밖의 행운을 가져다줄지.

칼럼 ❸

〚 귀신에 관한 오해와 진실 〛

◆

1. 귀신은 붉은색을 싫어한다

○ 붉은색은 예로부터 주술적인 힘이 있다고 믿어졌습니다. 다섯 방위(伍方) 중 남쪽을 상징하는 색이 바로 붉은색이고, 남쪽은 온화하며 만물이 무성하고 양기가 넘치는 곳을 의미하니까요. 따라서 음의 기운이 강한 도깨비와 귀신은 밝음과 생기를 꺼리고, 붉은색 역시 두려워한다는 관념이 생겨났습니다.

우리의 풍속에는 이러한 생각을 반영하는 것이 몇몇 있는데, 그중 하나가 귀신을 물리치고자 먹는 동지 팥죽입니다. 그 유래는 『동국세시기』에 기록되어 있습니다.

『형초세시기』에 이르길, "공공씨(共工氏: 요순시대에 형벌을 맡았던 관명에서 비롯한 성씨)에게 바보 아들이 하나 있는데 그 아들이 동짓날에 죽어 역질 귀신이 되었다. 그 아들이 생전에 팥을 싫어했으므로 동짓날 팥죽을 쑤어 물리치는 것"이다.

또한, 귀신이 붉은색을 두려워한다는 이야기는 도깨비 설화를 통해서도 많이 전해졌습니다. 도깨비와 친해져서 이득을 본 과부가 이제 도깨비를 떼어내고 싶어서 가장 두려워하는 것을 물으니, 도깨비는 말대가리 혹은 말의 피라고 답합니다. 여러 동물 중 하필 말인 이유는 힘차게 질주하는 성질이 곧 넘치는 양기와 연결되기 때문이라고 이해할 수 있습니다.

이러한 생각 때문에 귀신을 퇴치하는 부적을 쓸 때도 노란 종이에 붉은색 글자를 썼습니다. 중앙·힘과 권위를 상징하는 노란색과 남쪽을 상징하는 붉은색은 모두 귀신이 기피하는 것들이니까요. 임금의 곤룡포가 노란색 또는 붉은색이고 복주머니는 대개 붉은색인 점을 떠올려 보면, 귀신과 달리 인간에게는 이 색상들이 복을 가져다주는 의미로 작용합니다.

2. 귀신은 조용한 밤에 나타난다

흔히들 귀신은 어두운 밤, 인적 없는 곳에 나타난다고 생각합니다. 특히 사람이 혼자 있을 때 불쑥 모습을 드러내거나, 이미 다가와 조용히 몸을 숨기고 있다고 생각하지요. 이건 귀신뿐 아니라 괴물 이야기 전반의 클리셰이기도 합니다.

그러나 알고 보면 우리의 귀신은 관습적이지 않습니다. 조용할 때만 나타나는 것도 아니요, 출현 시간이 꼭 밤이지도 않죠. 무당이 굿을 하는 과정을 떠올려 보면 쉽게 이해할 수 있습니다. 굿의 풍경은 대체로 야단법석입니다. 꽹과리, 징, 태평소, 장구 같은 악기가 연주되는 속에서 무당은 춤을 추고 노래를 부릅니다. 굿을 보는 사람들은 같이 춤을 추다가 손 모아 빌기도 하고, 울다 웃다 합니다. 귀신이 밤에만 움직인다면 결코 이 같은 방식으로 그를 부르지 못할 것입니다.

옛이야기에도 낮에 출몰하는 귀신이 꽤 많습니다. 앞서 보았던 〈신막정 집 귀신〉에도 밤낮으로 그 집에 상주하는 귀신이 있었습니다. 또한, 『천예록』에도 '두억시니'라는 귀신이 대낮에 어느 양반집 잔치에 버젓이 출몰합니다. 나이는 열대여섯 살쯤, 때와 장소에 어울리지 않는 더벅머리에다 꽤 사나운 모습으로요. 이 장면을 잠시 볼까요?

손님들은 모두 기분이 상하여 팔을 휘저어 아이를 내쫓으려 하였다. 처음에는 몇 사람이 아이를 잡아끌었으나 끄떡도 없었다. 모두 더욱 화가 나서 종 몇 명을 시켜 잡아내게 하였지만 아이를 조금도 움직일 수가 없었다.
…중략…
"저것도 사람일 텐데 움직이지 않을 리가 있소?"
다시 힘센 무인 대여섯 명에게 큰 몽둥이로 아이를 때리게 하였다. 온 힘을 다하여 내리치니, 그 힘은 마치 아이를 눌러 죽일 것만 같았고 소리는 우레 같았다. 그러나 아이는 여전히 조금도 움직이지 않고 눈 하나 꿈쩍하지 않았다. 그제야 모두가 그 아이가 사람이 아님을 알게 되었다. 크게 놀라고 두려운 마음에 뜰에 내려가 아이 앞에 무릎을 꿇고 싹싹 비니, 지극히 애절하고 간절하였다.

불가사의한 이 아이는 한참 뒤 씩 웃고는 문을 나서는데, 금세 모습을 감춥니다. 이후 잔치에 참가했던 사람들에게 전염병이 퍼져서 아이를 꾸짖고 욕한 자, 끌어내려 했던 자, 때리라고 한 자와 때린 자들은 모두 죽었습니다. 아마도 아이의 정체는 역병을 불러오는 귀신이었나 봅니다.
성현의 『용재총화』에도 한낮에 사람들과 소통하는 귀신이 등장합니다.

나의 외할머니는 양주에 살았는데, 귀신이 그 집의 어린 여종에게 붙어 수년 동안 떠나지 않으면서 길흉화복을 번번이 알아맞혔다. 사람들은 이를 모두 두려워하였으나 다행히 외할머니 댁에는 아무 탈이 없었다. 이 귀신은 목소리가 크고 분명해 마치 늙은 꾀꼬리가 우는 것 같았고, 낮에는 공중에 떠 있다가 밤이 되면 들보 위에 깃들었다.

한 번은 이웃집 부인이 귀한 비녀를 잃어버리고는 여종을 문초했다. 그 집 여종이 견디다 못해 외할머니댁의 귀신 들린 여종에게 와서 물으니, 귀신이 "비녀가 어디 있는지는 난 이미 알고 있지만, 너에게 말하기는 곤란해. 네 주인이 오면 알려주겠다."라고 했다. 이에 이웃집 부인이 곡식을 가져와 직접 귀신에게 청했다. 귀신은 "내가 입을 한 번 뻥긋하면 당신이 무안해질 텐데?"라고 했다. 재차 물어봐도 귀신이 끝내 답하지 않자 부인이 화를 내며 꾸짖었다. 귀신은 "정 그렇다면 할 수 없지. 몇 월 며칠 저녁에 당신은 이웃집 사람과 닥나무밭에 가지 않았는가? 비녀는 그 나뭇가지에 걸려있다고!"라고 했다. 여종이 정말로 닥나무밭에서 비녀를 찾아오자 부인은 매우 부끄러워했다.

외할머니댁의 귀신은 목소리가 꾀꼬리처럼 예쁘고, 숨은 사연까지 꿰뚫어 보는 능력이 있습니다. 집안사람들에게 해를 끼치기는커녕 오히려 사정을 봐주려고도 하죠.

이쯤 되면 귀신은 밤낮을 가리지 않고 제 뜻대로 나타나는 존재라고 해야 맞을 듯합니다.

3. 귀신은 사람을 물리적으로 위협할 수 있다

O 흔히 알려진 귀신은 기괴한 소리 또는 흉측한 모습으로 사람을 놀라게 하거나, 빙의된 사람을 조종하여 타인을 괴롭히지요. 하지만 옛이야기에서의 귀신은 좀 더 다양한 형태로 물리력을 가합니다.

이를테면 『어우야담』에 실린 〈이경희 집 귀신〉 이야기에서는 귀신이 사람의 머리털을 자르고 등을 때립니다. 음식에 오물을 넣고 그릇을 깨기도 합니다. 이경희가 이사를 가도 계속 따라붙으며, 겨울인데도 벽장에서 매미 소리가 나는 기이한 일이 벌어졌죠. 이경희가 고민을 토로하자 담력이 좋은 동료 하나가 자기가 처치해 보겠다고 나섭니다. 이윽고 매미 소리가 나자 동료가 칼을 들어 벽장을 내리쳤습니다. 그러자 한참 동안 조용하더니 갑자기 공중에서 어떤 것이 동료의 상투를 잡아당겨 내팽개쳤습니다. 동료는 기절했고, 여러 날 정신을 못 차리다 약을 먹고 겨우 살아났습니다.

귀신과 대결하고자 했으나 힘이 달려 끝내 패배한 이야기도 있습니다. 『천예록』에 실린 〈최원서의 기이한 사건〉입니다.

어느 날 밤, 전립을 쓰고 푸른 군복을 입은 건장한 남자가 나타나 최원서를 끌어냈다. 최원서도 기운이 센 편이라 끌려 나가지 않으려고 저항했지만, 힘에 부쳐 결국 마당에 몇 번이나 내동댕이쳐졌다. 계단 아래에 쓰러져 있던 그때, 마당 담 안쪽에 같은 복장의 남자 십여 명이 나타나 "최원서는 곧 높은 관직에 오를 사람이니 그만두라"고 말리며 다가왔다. 그러나 푸른 군복을 입은 남자는 아랑곳하지 않았다. 최원서를 번쩍 들어 올려 멀리 던졌고,

그의 몸은 경기도와 충청도를 지나 전라도 끝에 가서 떨어졌다. 곧 다시 그를 들어 던지자, 이번에는 최원서의 몸이 전라도에서 충청도와 경기도를 거쳐 마당으로 되돌아왔다. 동산 위에서 상황을 지켜보던 남자들이 거듭 말렸지만, 푸른 군복의 남자는 이를 무시한 채 최원서를 또다시 던졌다. 그 뒤로도 전라도 끝에 떨어졌다가 다시 마당에 떨어지기를 몇 차례 반복했다. 마침내 동산 위에 있던 남자 중 한 명이 그를 붙잡아 끌고 가고, 나머지는 웅성거리며 사방으로 흩어졌다. 날이 밝자, 마당에 쓰러져 있던 최원서를 아버지가 데리고 들어가 정성껏 간호했고, 그는 이내 기운을 되찾았다.

푸른 군복을 입은 남성과 그를 뜯어말리던 십여 명은 특별한 능력을 갖춘 상상의 존재입니다. 남다른 힘과 예지력을 보여주며 최원서를 대하니 말입니다. 옛사람들은 귀신의 모습과 영향력을 꽤 다양하게 떠올렸습니다. 저마다 상상력의 크기와 형태가 다른 만큼 그 내용도 천차만별이었죠.

『어우야담』에서 유몽인은 사람이 죽으면 영혼이 공중으로 분산되기 때문에 귀신으로 남지 않는데, 간혹 원한 서린 죽음은 그 기운이 분산되지 못하고 엉기어 요귀(妖怪)가 된다고 했습니다. 사람뿐 아니라 다른 개체도 정기가 오래되면 기운을 얻어 힘을 발휘할 수 있다고요. 그러니 귀신이 사람을 쉽게 건드리지는 못할 것이라는 생각도 고쳐봄 직합니다.

【 참고문헌 】

단행본

강은해,『한국난타의 원형, 두두리 도깨비의 세계 : 도깨비 설화의 시학』, 예림기획, 2003.
강진호, 허재영 편,『조선어독본 1 - 5』, 제이앤씨, 2010.
구사노 다쿠미, 송현아 역,『환상동물사전』, 들녘, 2001.
권혁래,『조선동화집(1924) 연구 : 우리나라 최초의 전래동화집』, 보고사, 2013.
김순전 외 4인 편,『(조선총독부 편찬)초등국어독본 : 원문 상, 중, 하』, 제이엔씨, 2013.
김안로,「용천담적기」, 민족문화추진회 편,『(국역) 대동야승』3, 민족문화추진회, 1971.
김종대,『한국의 도깨비연구』, 국학자료원, 1994.
김종대,『(민담과 신앙을 통해 본) 도깨비의 세계』, 국학자료원, 1997.
김종대,『한국 도깨비의 전승과 변이(개정판)』, 보고사, 2017.
김종대,『도깨비, 잃어버린 우리의 신 : 전래동화에 갇힌 전래의 신에 대한 17가지 짧은 이야기』, 인문서원, 2017.
박미경,『한국의 도깨비 : 도깨비를 통해 본 한국의 시각문화』, 고려대학교출판문화원, 2020.
성현 저, 홍순석 옮김,『용재총화』, 지식을만드는지식, 2009.
세종대왕기념사업회 역,『(역주)석보상절 제6, 9, 11』, 세종대왕기념사업회, 1991.
수양대군(조선) 봉명찬(奉命撰),『석보상절 영인본』, 국립중앙도서관, 2005.
신익철 외 3인 역,『어우야담』, 돌베개, 2006.
이시준, 김태광 역,『금석이야기집: 일본부』, 세창출판사, 2016.
이유기, 정성준 주해,『석보상절』권9, 동국대학교출판부, 2018-2019.
이윤선,『한국인은 도깨비와 함께 산다 : 도깨비로 보는 한국 사회문화사』, 다할미디어, 2021.

이희준 편찬, 유화수, 이은숙 역주,『계서야담』, 국학자료원, 2003.
임동권,「도깨비 고」,『한국민속학논고』, 집문당, 1971.
임방 저, 정환국 역,『천예록』, 보고사, 2023.
임석재,「설화 속 도깨비」,『한국의 도깨비』, 열화당, 1981.
조선총독부 편저, 이시준, 장경남, 김광식 편,『(조선총독부 편) 조선동화집』, 제이앤씨, 2013.
주강현,『우리 문화의 수수께끼』, 서해문집, 2018.
한국고전총서간행위원회,『원본)한국고전총서 4 : 석보상절 : 어학류 복원판』, 대제각, 1973.
현용준,「영감놀이」,『제주도무속자료사전 개정판』, 각, 2007.
홍석모 지음, 정승모 풀어씀,『동국세시기』, 풀빛, 2009.

연구논문

강성철,「도깨비 이미지의 시각적 정체성에 관한 연구 - 조선왕조실록과 민담자료를 중심으로」,『일러스트레이션 포럼』15, 한국일러스트레이션학회, 2007.
강성철,「도깨비 그림책 일러스트레이션에 관한 연구 - 한·중·일을 중심으로」,『일러스트레이션 포럼』20, 한국일러스트레이션학회, 2009.
김상엽,「小癡 許鍊의《蔡氏孝行圖》삽화」,『미술사논단』26, 한국미술연구소, 2008.
김선희,「제주도 도깨비담의 특징」,『인문학연구』25, 제주대학교 인문과학연구소, 2018.
김학선,「한국설화에 나타난 도깨비」,『국제어문』3, 국제어문학회, 1982.
박기용,「초등 국어 교과서에 나타난 도깨비 형상 연구 : 일본 오니 형상과 비교를 중심으로」,『어문학』109, 한국어문학회, 2010.
박기용,「한국 도깨비 형상 연구 - 중국 도깨비 설화와 비교를 중심으로」,『어문학』113, 한국어문학회, 2011.

송기태,「서남해 바다의례에 나타난 도깨비의 풍어신적 면모와 위상」,『한국민속학』 65, 한국민속학회, 2017.

윤용희,「신라 귀면와의 문양 형식과 변천에 관한 일고찰」,『영남고고학』 89, 영남고고학회, 2021.

이광형, 김금숙,「설화에 나타난 일본의 오니(鬼)와 한국의 도깨비 비교 연구」,『인문논총』 56, 경남대학교 인문과학연구소, 2021.

이부영,「'도깨비'의 심리학적 측면과 상징성 – C.G. Jung의 분석심리학적 입장에서」,『한국학논집』 30, 계명대학교 한국학연구원, 2003.

이하영, 남윤태,「그림책에 나타난 도깨비의 시각적 표현 연구」,『일러스트레이션포럼』 51, 한국일러스트레이션학회, 2017.

기타

『한국구비문학대계』, 한국학통합플랫폼(https://kdp.aks.ac.kr/gubi)
『삼국유사』, 한국사데이터베이스(https://db.history.go.kr/ancient/search/searchResultList.do)

도판

〈혹 뗀 이야기〉,『조선어독본』, 1923.
〈고부토리지상(こぶとりじいさん)〉,『초등국어독본』, 1939.
『석보상절』제 9권, 1447, 국립중앙도서관 소장.
작자 미상, 〈금동제 귀면문 고리 장식〉, 7–10세기, 국립경주박물관 소장.
작자 미상, 〈녹유 도깨비무늬 기와〉, 7–10세기, 국립경주박물관 소장.
허련(許鍊). 〈귀화전도〉,『채씨효행도』. 1869, 공유마당 제공.

4장 변신하는 괴물, 요괴

1
나의 세계를 위협하는 변신 요괴

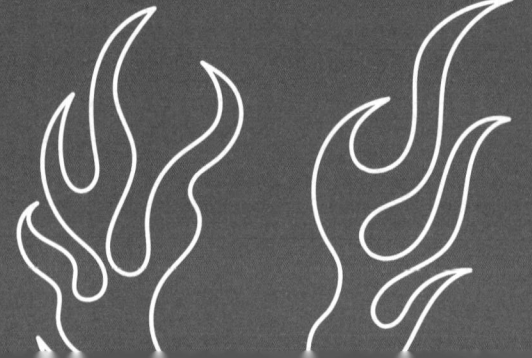

🔥 우리 아들이 손톱 먹은 쥐였네!

어린 시절 유행했던 괴담 한 편이 생각납니다. 한밤중의 귀갓길, 한 아이가 무엇인가에 쫓기며 오다가 마중 나온 엄마를 만납니다. 아이는 안도하며 엄마와 함께 엘리베이터를 타지요. 그런데 엄마가 불현듯 무표정한 얼굴로 이렇게 말합니다.

"내가 아직도 네 엄마로 보이니?"

늘 내 곁에 있는 소중한 사람들이 실상은 전혀 낯선 무엇이라는 발상은 그야말로 나의 세계 전체를 뒤흔듭니다. 온 가족이 사랑으로 키운 막내딸이 실은 여우 요괴였다는 〈여우 누이〉 이야기가 대표적입니다. 이 이야기에서 아버지는 매일 가축이 죽어 나가자 아들들을 시켜 밤새 마구간을 지키게 합니다. 첫째, 둘째 아들은 조는 바람에 아무것도 보지 못했지만 셋째 아들만은 그렇지 않았죠. 그는 여동생의 실체를 목격하고 경악했습니다.

밤이 되자 외양간 문이 열리더니 누이가 들어왔다. 누이는 팔을 둥둥 걷고 기름 동이에 손을 텀벙 집어넣었다. 그리고 소 궁둥이에 손을 쑥 넣어 간을 빼내곤 태연한 얼굴로 소금을 찍어 먹고 다시 외양간을 나갔다.

4장 변신하는 괴물, 요괴

마냥 어린 막내로만 알던 누이가 짐승의 항문에 팔을 집어넣어 간을 빼먹는다니, 보고도 믿지 못할 모습이겠죠. 아버지도 셋째 아들의 말을 믿어주지 않습니다. 그렇게 모두를 속인 여우 누이는 결국 집안을 폐허로 만듭니다.

누군가 무심코 깎아 버린 손톱을 슬쩍 주워먹고 그 주인의 모습으로 변신하는 이야기, 〈쥐의 둔갑〉도 그렇습니다. 『구비문학대계』에 수록된 이 설화는 가족이라 믿었던 존재가 알고 보니 요괴였고, 모두가 그에게 완전히 속아 넘어간 내용입니다. 각편에 따라 쥐는 집안의 아버지, 남편, 아들로 다양하게 나타나는데 여기에서는 아들로 변한 경우를 같이 보겠습니다.

공부하러 절로 떠난 아들은 손톱을 깎아 무심코 버리고, 이를 집어먹은 쥐가 아들로 변하여 집을 찾아옵니다. 가족들은 아들을 환대하며 평소처럼 함께 사는데, 진짜 아들이 공부를 마치고 돌아오면서 문제가 시작됩니다.

원님에게 어느 아들이 진짜인지를 판결해달라고 부탁하지만, 진짜가 밀려나고 가짜가 자리를 차지하는 기막힌 상황으로 흘러갑니다. '쥐뿔도 모른다'는 속담이 이 설화에서 비롯되기도 했습니다. 쥐가 남편으로 변신한 각편에서 아내의 어리석음을 경계하며 '쥐 좆도 모른다'는 말이 나왔는데, 표현이 상스러운 탓에 쥐뿔로 변한 것이죠. 이 이야기는 변신한 쥐에게 감쪽같이 당한 가족의 처지를 통해서, 평소 가까운 사람을 잘 알고 이해해야 한다는 메시지를 전달합니다.

한편으로는 가족의 얼굴을 한 가짜가 우리 곁에 스며들어 함께 살아가고 있을지 모른다는 근원적 공포를 건드리기도 합니다. 익숙하다고 믿었던 존재가 문득 낯설게 보이거나, 내 편이라 여겼던 이가 전혀 다른 얼굴을 드러낼 때, 우리는 그 충격에서 쉽게 벗어나지 못합니다. 괴물은 내가 방심한 틈을 타고 서서히 평온한 삶을 잠식해 들어옵니다. 마치 처음부터 우리 안에 있었던 것처럼요.

그런데 가족들은 정말로 여우 누이와 쥐 도령의 실체를 몰랐을까요? 진짜가 아님을 이미 알고 있었지만 못내 인정하기 어려웠던 건 아니었을까요? 〈쥐의 둔갑〉에서 진짜 아들은 원님이 낸 문제를 틀리는 바람에 오히려 가짜로 몰립니다. 집 안에 어떤 세간살이가 있냐는 물음에 말문이 막혔기 때문이죠. 그런데 제가 부모가 되어 보니, 자녀의 성정을 제대로 알고 있다면 진짜 아들을 구별하는 일은 오히려 간단할 것 같습니다. 예컨대 자녀가 자기 관심사에만 몰두하는 성격이라면 자연히 집안 세간에는 무심할 테고, 주변에 관심을 많이 쓰는 편이라면 그쯤은 잘 알 것이기 때문입니다. 〈쥐의 둔갑〉에서 어머니가 아들을 가짜로 오해한 건, 어쩌면 그에 대한 이해가 부족했기 때문일지도 모릅니다.

〈여우 누이〉에서도 부모는 셋째 아들에게서 막내 여동생이 괴물이라는 말을 전해 들었습니다. 손수 아이를 키운 부모가 그 본성을 놓쳤을 리 있나요. 찬찬히 지난날을 되짚어 보면 그럴 법도 하다고 끄덕였을 것입니다. 하지만 딸의 사랑스러운 모습 뒤에 감춰진 괴물의 면모까지는 선뜻 받아들이기 어려웠겠지요. 절대 아닐 거라고 되뇌며, 혹은 설령 괴물이라도 차차 달라지리라 기대하며 기다렸을 수도 있습니다. 키우던 소와 말을 모두 잃을 때까지, 큰아들과 작은아들마저 잃을 때까지 말입니다.

변신하는 괴물 이야기가 던지는 두려움은 단지 무서운 것을 봤을 때 즉각적으로 느끼는 공포만은 아닙니다. 그 이면에는 우리가 익숙하게 여기던 일상과 인간관계를 되돌아보게 하는 섬뜩한 통찰이 숨어 있죠. 드라마 〈오징어 게임〉(2021)에서도 이와 비슷한 상황을 볼 수 있습니다. 참가자들은 서로를 믿고 의지하지만 결국 가장 가까운 이들이 그 믿음을 저버리거나 전혀 몰랐던 얼굴을 드러냅니다. 잘 아는 줄 알았던 사람이 완전히 다른 존재였음을 깨닫는 순간, 강렬한 배신감과 혼란을 피할 수 없습니다.

변신 괴물 이야기의 핵심 주제가 현대 문학과 대중문화에서도 계속해서 변주되는 이유는 무엇일까요? 그것은 아마 우리 내면 깊숙이 자리 잡고 있는 불안과 의심, 그리고 인간관계에 대한 근본적인 두려움 때문일 겁니다. 이 이야기들은 또한 우리의 경각심을 자극합니다. 잘 알고 있다고 생각한 것과 당연하다고 여겼던 관계들을 다시 한번 돌아보게 하지요.

결국 이러한 이야기가 말하고자 하는 바는 명확합니다. 주변을 늘 주의 깊게 살피고 소중한 사람들을 진심으로 이해하려 노력하라는 것입니다. 그리고 때로는 나 역시 모르는 사이에 달라질 수 있음을 인정하라는 것이죠. 이로써 우리는 더 깊고 진실한 관계를 만들어갈 수 있게 됩니다.

🔥 알지만 속아줄게, 지네 각시

함께 사는 사람이 실은 둔갑한 요괴임을 운 좋게 알아챘지만 일부러 진실을 외면할 때도 있습니다. 『한국구비문학대계』에는 지네로 변신한 여인의 이야기인 〈지네 각시〉가 수록되어 있습니다.

너무나 가난해서 결혼은커녕 끼니조차 이을 수 없는 남자가 있었다. 가족이 모두 굶어 죽을 지경이 되자 그는 스스로 목숨을 끊으려고 산으로 올라갔다. 죽을 자리를 고르는데 웬 여인이 다가오더니 따라오라고 했다. 여인은 남자를 기와집으로 데리고 가 음식을 대접하고 보살펴 주었다. 남자는 이에 혹하여 함께 살림을 차리게 되었다. 그러던 어느 날, 그가 두고 온 가족을 걱정하자 여인은 꼭 돌아오라는 당부와 함께 보내주었다. 집에 가보니 가난했던 집은 어느새 부자가 되어 가족 모두 편안히 지내고 있었다. 여인이 재물을 보내준 덕이었다.
그는 이제 걱정 없이 가족과 함께 살 수 있었지만, 여인과 함께 살던 집을 향해 떠났다. 한창 걷고 있을 때, 돌아가신 아버지의 목소리가 들려왔다. 아버지는 "그 여자는 사람이 아니라 천 년 묵은 지네다. 믿기지 않으면 몰래 뒷문으로 들어가 살펴보아라."

고 했다. 그리고 지네를 물리치려면 밥을 먹는 척하다가 여자에게 뱉어야 하며, 그렇지 않으면 지네에게 죽게 될 것이라고 경고했다.

여인의 집에 도착한 남자는 몰래 담을 넘어 뒷문에 구멍을 내고 방 안을 들여다보았다. 역시 방에는 흉측한 지네가 똬리를 틀고 있었다. 남자가 확인을 마치고 대문으로 들어가니 지네는 어느새 여인으로 변해 그를 반겨주었다. 곧 여인이 밥상을 차려 오자 한참이나 그녀를 바라보던 남자는 씹던 밥을 말없이 꿀꺽 삼켰다.

남자는 이 여인의 정체를 몰랐습니다. 하지만 숨겨진 정보를 듣게 되죠. 여러분이라면 어떻게 하시겠습니까?

① 도망간다. ② 퇴치법도 알았으니 죽인다.

하지만 남자는 제3의 선택지를 고릅니다. 모든 것을 알고 있음에도 말입니다.

그는 생각합니다. '어차피 나는 죽으려 했었지. 그러나 이 여인 덕에 다시 살았고, 두고 온 가족들도 평화로워졌다. 어떻게 밥알을 뱉을 수 있겠어?'

생사의 갈림길에 두 번째로 선 남자는 궁지에 몰렸을 때 손 내밀어 준 지네 여인에게 목숨으로 보은하고자 합니다. 부자가 된 가족과 함께 살지 않고 다시 여인에게로 돌아갈 때 이미 남자의 마음은 정해졌는지도 모릅니다.

남자의 행동을 살피던 여인은 순간 눈물을 흘리며 고백합니다. 당신의 아버지 모습을 하고 나타났던 자는 자신과 경쟁하는 천 년 묵은 구렁이였고, 당신이 내게 밥을 뱉지 않은 덕에 자신은 비로소 용이 되어 승천할 수 있게 되었다고 말입니다. 잠시 후 찢을 듯한 우레와 함께 지네 여인은 하늘로 올라가고, 그 뒤 남성은 하는 일마다 잘 되어 행복하게 살았습니다.

어떻습니까? 흡족한 결말 아닌가요? 앞선 〈여우 누이〉, 〈쥐의 둔갑〉과는 다른 방식입니다. 지네 여인은 인간에게 해를 끼치려고 나타난 것이 아니라, 도움을 받고자 인간 곁에 나타났던 것입니다. 요괴는 인간의 세계를 흔들어 파괴하기도 하지만 때론 인간을 시험에 들게 하고, 그 보답으로 인간이 원하는 것을 주기도 합니다.

가장 가까운 존재, 사랑했던 이가 사실은 괴물이었을지도 모른다는 상상은 섬뜩합니다. 그를 끝까지 믿을 것인지, 아니면 진실을 마주할 것인지. 이야기는 언제나 그 갈림길에서 방향을 틀게 됩니다. 어떤 인물은 끝내 눈을 감고, 또 누구는 두려움 속에서도 끝까지 바라보려 하겠지요. 그리고 그 선택에 따라 전혀 다른 이야기들이 펼쳐집니다. 이를테면 요괴가 둔갑해서 된 인간을 여우 누이처럼 절대악으로 만들 수도 있고, 지네 각시처럼 나름의 서사와 반전을 심어둘 수도 있습니다. 장르도 한번 바꿔 보면 어떨까요? 지네 각시와 천 년 묵은 구렁이의 대결, 남성과 지네 각시의 불편하고 무서운 동거, 지네 각시에게 밥알을 뱉자 열리는 새로운 장면… 저의 상상력은 여기까지지만, 이보다 훨씬 크고도 빛날 여러분의 아이디어를 기대합니다.

악당의 편에 선 나무 괴물 은수자

동물과 식물을 가르는 명확한 차이는 스스로 움직일 수 있는가에 있습니다. 한자의 뜻을 보면 이해가 더 쉽습니다. '움직일 동(動)'자를 쓰는 동물과 달리, '심을 식(植)'자를 쓰는 식물은 뿌리내린 장소를 제힘으로는 떠날 수 없지요.

학부 시절, 빨리 다음 편이 개봉하기를 손꼽아 기다렸던 〈반지의 제왕: 두 개의 탑〉(2002)에는 움직이는 나무 정령 엔트가 등장합니다. 나무에 움직임이라는 속성을 부여한 것만으로도 독특한 상상이 되고, 그것은 곧 강력한 힘과 전투력을 갖춘 캐릭터로 이어집니다. "이들의 손아귀에 철은 지푸라기와 같고, 커다란 바위는 힘없이 부스러진다"는 설명이 따라붙을 정도죠. 그런데 이보다 더 이른 시기에 쓰인 우리 고전소설에도 움직이는 나무가 있습니다. 바로 『황장군전』의 '은수자'입니다.

은수자는 원래 형악산의 천 년 된 은행나무였습니다. 이 나무 아래에서 검술을 수련하던 엄평이라는 자가 은수자라는 이름을 새겨주자 이 나무는 스스로 생각하고 움직이는 괴물로 변합니다. 눈 네 개, 팔이 여섯 개, 키는 십오 척(약 4.5미터) 그리고 온몸이 황금빛으로 덮인 모습으로 말이죠.

10여 년이나 봐 온 나무이니 엄평 나름에는 정이 들어서 이름을 붙였을 겁니다. 그렇지만 나무가 괴물로 변해서 충성을 맹세해 올 줄은 꿈에도 몰랐겠지요. 은수자는 엄평에게 이름을 받은 은혜를 갚고 싶어 합니다. 그런데 엄평은 황운이라는 주인공의 적대자, 즉 악인입니다. 그러니 은수자 역시 악인의 조력자인 셈입니다. 괴물이 악인의 편에 서니 이야기는 더 흥미진진하게 펼쳐질 테지만, 주인공을 응원하는 입장에서는 은수자의 능력이 뛰어날수록 두려운 것도 사실입니다.

은수자는 홀로 싸울 수 있다며 여섯 손에 칼과 창, 도끼와 철퇴 등 병장기를 각각 들더니 진 앞으로 나서며 산천이 떠나갈 듯 고함쳤다.
"적진 장수는 바삐 나와 내 칼을 받으라!"
천둥같은 소리에 황운이 놀라 바라보니 십오 척 장신이 네 눈을 부릅뜨고 여섯 손에 창검을 들고 서 있는 것이 아닌가. 황운이 자세히 살펴보니 비록 사람의 모양새를 갖추었으나 필경 사람이 아닌 흉악한 괴물이었다. … 중략 …
은수자가 한 손에 든 창으로 상대를 가볍게 막고 다섯 손에 잡은 병장기를 휘둘렀다. 그 공격이 얼마나 사납고 맹렬한지 우시춘은 상대가 되지 않았다. 우시춘이 말머리를 돌리려는데 은수자가 한 다리를 들어 땅을 굴렀다. 그러자 땅이 푹 꺼져 들며 커다란 웅덩이가 생겼다. 우시춘이 크게 놀라는 사이, 이번엔 은수자가 자기 몸에 돋아난 털을 뽑아 씹다가 뱉었다. 그러자 저와 같은 괴물이 사면팔방에 무수히 나타나고 주위는 안개가 자욱하고 맑은 대낮인데도 야밤처럼 캄캄하여 눈앞이 보이지 않을 지경이었다. 안개와 어둠 속에서 그 괴물들이 네 눈을 부라리고 여섯 손에 든 창과 칼로 돌아가며 아군을 치니 장수들과 군사들이 서로를 짓밟고 창검에 찔려 죽는 이가 수없이 많았다.

이 나무 괴물은 ①여섯 개의 손에 무기를 든 채 싸우고, ②괴력을 가지고 있습니다. ③발을 굴러서 커다란 웅덩이를 만들고, ④자신의 털을 뽑아 똑같은 괴물을 복제할 수도 있죠. 게다가 ⑤날씨를 부리는 능력까지 갖추고 있습니다. 그야말로 절대 강자입니다. 『황장군전』의 원문에는 은수자를 가리켜 "흉물스럽다"라고 반복해서 표현하는데요, 악인의 편에 서서 주인공의 군사를 휩쓸어 버리는 괴물의 위력을 극대화하기 위함이 아니었나 싶습니다.

『황장군전』의 은수자는 무척이나 역동적이고 거칩니다. 전투 능력도 뛰어나고요. 주인공 편에서 이 능력을 발휘해도 좋았겠지만, 저는 은수자가 악인의 조력자가 된 이 설정이 매력적으로 느껴집니다. 상투적인 흐름으로 가지 않는달까요? 언제나 주인공에게 빼어난 능력의 조력자가 붙어야 하는 건 아니니까요. 그런 면에서 『황장군전』을 누가 썼는지는 알 수 없지만, 쉽게 예상할 수 없는 전개를 택한 작가의 상상력에 큰 박수를 보내고 싶습니다.

오래된 나무의 정기에서 탄생한 요괴

때로는 나무의 정기를 빨아들인 무엇인가가 요괴로 변신하기도 합니다. 고전소설 『이화전』에는 천 년 묵은 은행나무에 여우가 깃들어 요괴로 변하는 대목이 있습니다. 이 요괴는 마을에 수령이 부임하는 족족 조용히 죽이며 마을의 평안을 깨트립니다.

이화가 냉소하며 말하길,
"너희가 대체 무엇을 안다고 감히 내 명령을 거역하느냐? 나는 개의치 않으니 명을 따르지 않으면 너희의 목을 벨 것이다. 당장 나무를 베어 요괴를 잡아라."
이화가 꾸짖는 소리에 놀란 군사들은 용감하게 달려들어 은행나무를 베었다. 정말로 나무 안에 피가 낭자했다. 백성들이 모두 놀라 얼굴빛이 질려버렸다. 모두 두려워하며 멈춰달라고 간청하였으나 이화는 끝까지 나무를 벨 것을 명령하였다. 군사들이 마지못해 계속 나무를 베니, 불현듯 나무 위에서 백발 노인과 노파가 나와

"우리를 살려라!"

하고 벽력같이 소리를 질렀다. 천지가 무너지는 듯하고 햇빛이 어둑해지면서 음산한 바람이 크게 일었다. 이에 여러 군사가 고꾸라지자 이화가 정신을 차리고 소리 지르길,

"모든 군사는 창과 칼을 뽑아 저 요괴를 잡아라!"

백성들이 겨우 정신을 차려 일시에 고함을 치며 나무를 베었다. 이윽고 요괴 둘이 땅에 떨어졌다. 길이가 한 발(양손을 좌우로 펼쳐 한 손끝에서 다른 손끝까지의 길이)이나 되는 금빛의 여우였다.

전라도 여산에 수령으로 부임한 이화는 마을의 괴이한 사건이 오래된 나무에 깃든 요괴 한 쌍 때문임을 알게 됩니다. 그는 이 나무를 베어 요괴를 물리치기로 결심하죠. 하지만 마을 사람들이 명령을 쉽게 따르지 않습니다. 이 나무를 요괴는커녕 마을을 지키는 신선으로 생각했으니 말입니다. 천 년이나 묵은 오래된 나무이니 신성한 대상으로 여겨질 법도 하지요. 결국 이화의 결단으로 나무를 베어내고 그 안에 머물던 두 요괴를 잡아냈지만, 안타깝게도 암여우를 놓치고 맙니다. 달아난 암여우는 이후 온갖 요사스러운 방법으로 사람들을 괴롭힙니다.

나무는 예로부터 숭배의 대상이기도 했지만, 부정한 기운이 깃들면 세상을 위협하는 괴물이 될 수도 있다고 여겨졌습니다. 이익의 『성호사설』에도 비슷한 생각이 담겨 있습니다.

나무와 돌이 오래 묵으면 요사한 귀신이 붙는다는 전설은 예나 지금이나 많다. 대개 나무는 왕성히 자라나는 기운이 있고 이 기에 따라 알고 깨닫는 성질도 있어서, 아무것도 모르는 저 돌과는 다른 듯하다. 그러므로 요사한 귀신 따위가 많이 깃들게 된다. 또한 나무란 오랜 세월을 지나면 속이 자연히 비기 때문에 괴이한 만물이 그 속에 들어가서 살게 된다는 말은 이치로 따져도 그럴듯하다.

요즈음 신씨 선비가 그의 조상 산소에 있는 나무 한 그루를 베었는데, 갑자기 요귀(妖鬼)가 나타나 그의 집까지 따라와서 정신을 혼미하게 만들고 함께 교접까지 하였다. 여러 주문을 외우면서 쫓으려고 해도 떠나가지 않고 밤만 되면 반드시 잠자리를 함께 하는데 꼭 사람이 하는 행동과 같았다. 결국 서로 정이 들자, 신씨는 병들어 죽기까지 하였으니 이는 반드시 오래 묵은 여우가 변해서 이런 빌미를 만들었을 것이다. … 중략 …

완성군 이만은 전라감사가 되었을 때 고목 한 그루를 베었는데, 나무 속이 썩어 생긴 구멍 안에 흡사 말 같은 짐승이 들어 있었다. 털도 없고 크기는 고양이만도 못하며 눈은 하나인데, 아직 그 형체가 제대로 갖춰지지 않았다. 꿈틀꿈틀 움직이긴 하였으나 바람을 쐬고 햇빛을 보자 그만 죽고 말았다고 한다. 이 이야기는 감사 김시진이 이만에게 직접 들은 것이다. 이 짐승도 만약 오랜 세월이 지났다면 반드시 요사한 귀신으로 변해서 사람을 속였을 것이다. 이에 오래 묵은 나무를 베는 사람은 조심해야 한다.

정령신앙으로부터 비롯된 자연물 숭배는 전 세계에서 공통으로 발견됩니다. 울창한 숲속, 오래된 나무에게서 발현되는 신성함은 유한의 세계를 사는 인간에겐 신비로운 감정을 주었을 테지요. 그중에서도 생장하는 나무에 마치 인간처럼 무엇인가를 알고 깨닫는 성질이 있다고 보는 관점이 독특합니다. 나무는 오랜 시간 그 자리에 뿌리를 내리고 인간과 역사를 함께 합니다. 그런 만큼 나무에는 특별한 정기가 있고, 이를 얻은 동물이 요괴가 될 수 있다는 관념도 자연스럽게 생성된 듯합니다.

 ### 고위공무원이 된 나무들

우리나라에는 벼슬을 받은 나무가 있습니다. 천연기념물 제30호로 지정된 양평 용문사 은행나무입니다. 나이가 1100년으로 추정되는 이 나무는 높이가 42미터, 줄기 둘레는 14미터라고 합니다. 조선 세종(1418-1450)때 당상관(정3품, 오늘날의 국장급 공무원)이란 품계를 받을 만큼 중히 여겨졌다고 합니다.

충북 보은군의 정이품 소나무(천연기념물 제103호)는 세조 때 벼슬을 받았습니다. 세조가 법주사로 행차할 때 가마가 걸리지 않게 나뭇가지를 들어 올렸다는 신이한 이야기가 전해집니다. 이 두 나무는 인격과 지위를 갖춘 존재로 존중받았습니다. 나무에 식물 그 이상의 대접을 했던 옛사람들의 감각이 신선하게 다가옵니다.

2
변신 이야기는 언제나 재미있다

🔥 '독독독독' 해골 깎는 여우

고전소설 『이화전』에는 여우가 사람을 해치고 모습까지 바꾸는 장면이 있습니다. 앞서 주인공 이화가 놓치고 만, 천 년 묵은 암여우입니다.

이날은 날씨가 매우 어둡고 차가워서 사람의 기운을 혼미하게 하였다. 밤에 갑자기 바람이 일어나 촛불이 꺼지고 차가운 기운이 사무치니, 궁중의 여러 사람이 다 거꾸러졌다. 여우가 들어와 귀인을 잡아 골육을 다 먹고 귀인의 해골을 썼다. 그러고는 완연히 귀인의 자리에 누웠으니, 누가 여우인 줄 알 수 있으리오?

대부분의 여우 변신 이야기에서는 재주를 세 번 넘어 여우가 인간으로, 또는 인간이 여우로 둔갑하곤 합니다. 그런데 『이화전』에서는 사람을 죽이고 그 해골을 뒤집어씀으로써 망자와 똑같은 모습으로 변신하는 여우가 등장합니다. 교묘하게 변신해서 상대를 감쪽같이 속이죠. 영리하다 못해 영악한 여우의 이미지는 아마도 이런 이야기에서 비롯되었을 것입니다.

해골바가지를 써서 변신하는 여우 이야기는 민담에서도 만나 볼 수 있는데, 조금 더 섬뜩합니다.

한 소금 장수가 장사를 하러 다니다가 날이 저물었다. 묵을 곳을 찾지 못해 근처에 짐을 내려놓고 쉬려는데, 자세히 살펴보니 봉분이 두 개 있는 묘지였다. 피곤한 나머지 묘지에서 깜빡 잠이 든 소금장수는 갑자기 이상한 소리를 들었다.
"독독독독독독"
깜짝 놀라 주위를 살펴보니 허연 노인이 흰 표주박 같은 걸 쥐고 앉아서 독독 긁어대고 있었다. 소금장수가 눈을 깜박이자 이번에는 그 자리에 노인이 아닌 어린아이가 앉아 있는 것이 아닌가. 계속 지켜보니 백여우가 이 해골 저 해골을 머리에 써보는데, 안 맞으면 독독 긁어서 다시 써보고 잘 맞으면 사람으로 변하는 것이었다. 마침내 여우는 한 해골이 마음에 들었는지 독독 긁다가 그것을 머리에 썼다. 그러자 점잖고 풍채 좋은 노인이 되었고, 지팡이를 짚은 채 마을로 내려갔다.

『한국구비문학대계』에는 〈소금장수와 지팡이(또는 막대기)〉라는 제목의 이야기가 여럿 있습니다. 무덤가에서 잠깐 잠든 소금장수가 일어나 여우의 기이한 행동을 목격하는 내용이지요. 위 이야기에서도 여우는 해골을 이것저것 골라 머리에 써봅니다. 심지어 해골바가지를 '독독독독', 각편에 따라서는 '삭삭삭삭' 긁어서 제 머리에 맞추기까지 합니다. 해골 주인의 모습에 따라 여우는 여인, 할머니, 때로는 할아버지가 되기도 합니다. 그렇게 모습을 바꾼 여우는 유유히 마을로 사라집니다.

이런 이야기가 많이 전해지는 배경에는 여우의 생물학적 습성도 어느 정도 반영되어 있습니다. 과학자이자 SF 소설가인 곽재식 선생님에 따르면, 여우는 너구리나 오소리를 몰아내고 그 굴을 차지할 만큼 영리하다고 합니다. 얕은 산에 사는 잡식성 동물이라 사람이 무덤가에 두고 간 음식을 잘 주워 먹고요. 그것도 한번에 다 먹지 않고 땅속에 숨겨 놓았다가 다시 파먹는다고 합니다. 그 장면을 본 옛날 사람들이 '여우는 우리 조상님 산소를 파헤친다, 사악한 동물이다'라는 생각에 이른 것입니다. 또 하나, 여우는 기분이 좋으면 '꺅꺅꺅꺅' 하는 소리를 내는데 마치 귀신이 내는 소리처럼 섬찟하다고 합니다.

우리에게 익숙한 여우 요괴는 아무래도 구미호겠지요. 문헌에서 확인할 수 있는 가장 이른 시기의 구미호 이야기는 중국의 『산해경』 중 〈남산경〉에 수록되어 있습니다.

이 산에는 꼬리가 9개 달린 여우처럼 생긴 짐승이 사는데, 아기 울음소리를 내며 사람을 잡아먹는다. 하지만 사람이 이 구미호의 살점을 먹으면 안전하고 길운이 들어와 요사스러운 기운에 빠져들지 않게 된다.

동진(東晉) 시대 곽박(276-324)이 쓴 『현중기』에도 변신하는 여우가 신이하게 묘사됩니다.

여우는 50년을 묵으면 여인으로 변할 수 있다. 100년을 묵으면 미녀가 될 수 있으며 신통한 무당도 될 수 있다. 혹은 남자가 되어서 여인과 관계를 맺기도 한다. 천리 밖의 일도 훤히 알 수 있으며 사람을 잘 홀려서 정신을 못 차려 이성을 잃게 한다. 천 년을 묵으면 하늘과 통하는 천호(天狐)가 된다.

변신하는 여우 이야기는 동아시아 전역에 널리 퍼져 있습니다. 한국에서는 사람으로 둔갑한 여우와 인간 남성 사이에서 태어났다는 강감찬(948-1031) 전설, 여인으로 변신한 여우에게 천서(天書)를 얻어 술법을 익히는 『전우치전』, 인간으로 변신한 여우가 사람들에게 해를 끼치는 장면이 나오는 『이화전』, 『삼한습유』, 『옥루몽』, 『소현성록』, 『현몽쌍룡기』 등이 전해집니다. 물론 이외에도 여우가 등장하는 설화와 소설은 수없이 많습니다.

특히 우리나라에서 여우가 해골을 쓰고 변신하는 독특한 모티프가 발달했다는 점이 흥미롭습니다. 이는 여우의 실제 생태와 옛사람들의 상상력이 만나 탄생한 문화적 산물이라고 할 수 있겠지요. 여우 변신 이야기는 단순한 괴담이 아니라 우리의 문화와 역사, 그리고 자연에 대한 인식이 복합적으로 얽혀 만들어진 흥미로운 서사입니다.

여우가 두고 간 요술 손수건

『한국민담선』(1979)이라는 이야기 책에 실린 〈이상한 손수건〉에는 몸의 크기를 바꿔주는 하얀 손수건이 등장합니다. 늦은 저녁 고개를 넘던 노인은 자꾸만 무엇이 따라 오자 겁이 나 지팡이를 휘두릅니다. '캥, 캥' 소리를 지르며 도망간 그것의 정체는 붉은 여우였고, 하얀 손수건 한 장을 떨어뜨리고 갔지요. 노인은 손수건을 이리저리 만져 보고 머리에도 써 봤지만 별일이 없었습니다. 그런데 그것을 목에 거니 노인의 몸은 점점 줄어듭니다. 처음엔 여우만 하더니, 점차 개미만큼 작아졌죠. 깜짝 놀란 노인이 다시 손수건을 풀자 본래의 모습으로 돌아왔다고 합니다.

요괴들, 그 다채로운 본모습

특별한 능력으로 모습을 바꿔 나타나는 요괴 중 우리에게 가장 익숙한 본체는 여우일 겁니다. 하지만 옛이야기에는 호랑이, 뱀, 용, 쥐, 원숭이, 거북이, 물고기 같은 동물과 여러 식물, 심지어 사물도 변신합니다. 우리에게 잘 알려지지 않았을 뿐이죠. 그중 몇몇 이야기를 소개하고자 합니다.

김만중(1637-1692)이 쓴 『구운몽』에는 동정호 용왕의 막내딸 백능파가 여덟 명의 여주인공 중 한 명으로 등장합니다. 그녀는 비늘과 물갈퀴가 달린 용족(龍族)으로 물속에 살고 있습니다.

"아버지께서 옥황상제를 만나 제 운명을 물으니 '네 딸은 전생에 선가(仙家)에서 내려와 지금은 용족이 되었으나, 다시 사람의 몸을 빌려 인간 세상에서 귀한 이의 아내가 되어 부귀영화를 누리다가 나중에는 불가(佛家)로 돌아가리라'고 하였습니다. 저희 용족은 사람의 몸 얻기를 귀하게 여기며 신선과 부처를 공경한답니다."

백능파는 하늘의 뜻을 들어 주인공 양소유에게 청혼합니다. 양소유 역시 그녀의 뜻을 진지하게 받아들여 하룻밤을 보내지만, 곧 용궁이 흔들리는 천둥소리와 함께 훼방꾼이 들이닥칩니다. 백능파를 음험하게 탐하던 남해 용왕의 아들이 전쟁을 일으킨 것이죠. 그는 이렇게 외칩니다.

"양소유는 사람의 인연을 가로막아 남의 혼사를 망치고 어찌 여인을 겁탈하는가? 맹세코 너와 더불어 이 세상에 살아남을 수 없으리라!"

하지만 양소유는 남해 용왕의 아들과 군사를 일망타진하고 백능파와 가약을 맺기로 합니다. 이후 백능파는 비늘과 물갈퀴를 벗고 여인의 몸으로 변합니다. 인간 세계로 향한 그녀는 마침내 양소유와 다시 만나게 되지요.

모습을 바꾸어 인간 세계로 오는 용왕의 딸 이야기는 『삼국유사』에도 있습니다. 당나라 사신으로 가던 명궁 거타지에게 서해 용왕이 나타나 "매일 아침 우리 가족의 간을 빼먹는 중을 활로 쏘아달라"고 부탁합니다. 거타지의 화살이 명중하자 중은 여우로 변하여 죽고, 용왕은 보답으로 자신의 딸을 꽃으로 바꿔 거타지의 품에 넣어줍니다. 고국 신라에 돌아온 거타지가 꽃가지를 꺼내자 용왕의 딸은 예쁜 여인으로 변하고, 둘은 혼인하여 행복하게 살았다는 내용입니다.

사실 『구운몽』의 백능파와 〈거타지 설화〉의 서해 용왕 딸을 요괴라고 부르기는 좀 어색합니다. 요괴라고 하면 부정적으로 보는 경향이 강하니까요. 하지만 앞서 〈지네각시〉에서도 보았듯 변신하는 동물이 언제나 인간에게 해를 가하는 것만은 아닙니다. 즉, 나쁜 요괴가 있다면 인간에게 우호적인 요괴도 있습니다.

고전소설 『수저옥란빙』에는 칠십 년 묵은 잉어의 정령이 요괴로 등장합니다. 이 요괴의 이름은 청고인데요, 그녀에게는 천년화라는 제자가 있습니다. 천년화는 주인공 진숙문의 가족을 죽이려 합니다. 그 과정에서 스승 청고에게 도움을 청하지요. 하지만 청고는 천년화를 만류합니다. 용맹한 진숙문을 죽이려는 것이 어리석다고 판단했기 때문입니다. 그럼에도 불구하고 천년화는 공격을 감행하는데, 결과는 예상대로입니다.

진숙문이 참요검을 들어 천년화를 치니 검광을 따라 그녀의 머리가 떨어졌다. 한편, 청고는 안심하지 못하고 밖에서 동정을 보고

있다가 천년화가 죽은 것을 알게 되었다. 이에 크게 분노하여 비수를 들고 방안에 뛰어들어 외치길,
"너는 어떤 인간이길래 감히 나의 제자를 해치느냐?"
진숙문이 분노하여 참요검을 들고 마주 싸워 두 인물이 방안에 굴렀다. 문득 한 사람이 거꾸러지니 이는 청고다. 광풍이 크게 일고 비린내가 코를 찌르니 잉어의 정령이었다.

동양에서 잉어는 오래전부터 신비한 물고기로 생각되었습니다. 관상용으로 값비싼 잉어를 기르고, 몸에 잉어 문신을 새겨넣는 행위를 떠올려 보면 이 의미는 꽤 깊게 자리 잡고 있었던 듯합니다. 특히 중국에는 잉어가 상류를 거슬러 올라 황하의 용문폭포를 뛰어넘으면 용으로 변한다는 전설이 있죠. '등용문(登龍門)'이라는 관용어가 여기서 비롯되었습니다. 또한 잉어는 20-30년이나 살 수 있어서 장수의 상징으로 여겨졌고, 잉어의 비늘이 금화를 닮았다 하여 번영을 뜻하기도 했습니다. 이와 같은 관념 속에서 잉어가 정령으로 나타날 수 있다는 상상 역시 자연스럽게 이어졌을 것입니다.

운명을 건 변신 대결

한국의 민담 가운데에는 호랑이가 여러 번 모습을 바꾸며 인

간과 대결하는 내용이 있습니다.『한국구비문학대계』에 담긴 〈중으로 둔갑한 호랑이와 오대 독자〉라는 이야기입니다.

어느 집에 귀한 아이가 태어났다. 아이가 다섯 살이 되던 해, 한 중이 찾아와 "이 아이는 열다섯 살이 되면 호환을 입을 것"이라 예언하였다. 그리고 이를 막으려면 자신에게 아이를 맡겨 절에서 보살펴야 한다고 했다.

아이가 중을 따라가 절에서 산 지도 10년이 지났다. 열다섯 살이 되는 해의 섣달 그믐날, 아이의 꿈에 한 노인이 나타나 이렇게 말했다.

"오늘밤, 너는 죽을 것이다. 사실 그 중은 사람이 아니고 너를 잡아먹으려고 데려다 키운 호랑이다. 내 얘기를 못 믿겠으면 지금 직접 확인해 보거라."

겁이 난 아이는 곧장 절을 빠져나와 집으로 도망치려 했다. 그러나 중은 이미 호랑이로 변해 아이를 뒤쫓고 있었다. 아이도 절에서 익힌 술법으로 제비가 되어 날아올랐고, 호랑이는 더 빠른 후리새로 변해 뒤를 쫓았다. 허공을 헤매던 아이는 어느 집을 발견하자 깨알로 몸을 바꾸어 마루 틈새에 숨었다. 아이를 놓친 호랑이는 다시 중의 모습으로 변해 그 집 처녀에게 누가 들어오지는 않았는지, 수상한 걸 보았는지 다그쳤다. 처녀가 당황해 "뭔가가 저 틈으로 떨어졌다"고 대답하자 중은 곧바로 깨를 찾아냈다. 곧바로 쥐로 변한 중이 깨를 먹으려 들자, 아이는 재빨리 고양이로 변해 그 쥐를 덮쳐 잡아먹었다.

쫓고 쫓기는 국면에서 드러나는 소년의 판단이 번뜩입니다. 소년은 상황에 따라 몸을 바꾸며 빠져나가고, 그때마다 호랑이 요괴는 그보다 딱 한 수 위의 동물로 따라붙습니다. 둘의 대결은 쫓고 쫓기는 추격전이자, 팽팽한 두뇌게임이지요. 최후의 승자는 소년입니다. 인간으로서는 이기기 힘든 호랑이를 쥐로 변하게끔 유도하고, 고양이가 되어 덮치는 마지막 수까지 계산했다면 이는 완벽한 설계라 할 수 있습니다. 어느 한순간도 우연에 맡기지 않은 치밀한 전략이었습니다.

이 이야기에서는 특히 '깨'라는 식물 변신이 신선하게 다가옵니다. 동물로만 변신하는 경계를 넘어서 상상의 크기가 확장되었기 때문이죠.

이런 유형의 이야기가 저만 재미있었던 건 아닌가 봅니다. 임동권 선생님이 조사한 민담 가운데 유사한 것이 하나 더 있어 소개해 보겠습니다.

늘 부자가 될 궁리를 하던 가난한 소년이 있었다. 어느날, 한 노인이 소년에게 "나를 따라오면 좋은 공부를 시켜 주겠다"고 했다. 노인을 따라 산으로 들어간 소년은 그곳에서 신기한 요술을 배우게 되었다.

공부를 다 마치고 집으로 돌아온 소년은 아버지에게 부자가 될 방법이 있으니 자기 말을 따라달라고 했다. 자신이 그릇으로 변할 테니 장에 내다 팔라고 말하며, 어차피 저녁이 되면 다시 사람으로 돌아와 집으로 올 수 있다고 덧붙였다. 이들은 이 계책대로 한동안 그릇을 팔아 많은 돈을 벌었다.

그러던 어느 날, 그릇을 사간 사람이 속았다며 우는 모습을 노인이 보게 되었다. 자초지종을 알게 된 노인은 이튿날 장에 가서 그릇을 사 왔다. 그는 그릇을 묶어둔 채 시뻘건 쇠를 달궈서 부으려 했다. 그러자 그릇이었던 소년은 두루미가 되어 날아올랐다. 노인이 매로 변해 쫓아가자, 소년은 좁쌀이 되어 마루 밑으로 들어갔다. 노인이 닭이 되어 좁쌀을 쪼려 하자, 좁쌀은 금반지로 변해 그 집 색시의 손가락에 끼워 들어갔다. 다시 사람의 모습이 된 노인이 색시에게 금반지를 달라고 하자, 금반지는 다시 좁쌀이 되어 굴러갔다. 노인은 또다시 닭이 되어 쫓았다. 좁쌀은 독수리로 변하여 닭이 된 노인을 채어 죽였다. 소년은 집으로 돌아가 아버지와 행복하게 살았다.

능력자들의 변신 대결이 쉴 새 없이 몰아칩니다. 특히 소년이 그릇으로 변신해 장에 팔리는 장면, 좁쌀과 금반지로 몸을 바꿔 추격을 따돌리는 장면은 다른 이야기에서는 좀처럼 보기 어려운 상상입니다. 한편, 타인을 속여서 돈을 버는 소년이 끝내 행복하게 살았다는 결말이 껄끄럽게 느껴지는 분들도 있을 것입니다. 그렇다고 이 이야기를 해피엔딩으로 보기는 어렵습니다. 목적을 위해 수단과 방법을 가리지 않던 인물이 이제는 변신 기술까지 손에 넣었다면, 그 순간부터는 평범한 인간으로 살아가겠다는 생각을 내려놓은 셈 아닐까요.

사실 인간이 동물로 자유자재로 변하는 이야기는 위의 민담들보다 훨씬 전부터 전해져 왔습니다. 여러 건국 신화에서 신적 존재들의 대결로 나타나곤 했죠.

> 탈해가 "그러면 술법으로 겨루어 보겠는가?" 하니, 왕이 좋다고 하였다. 잠깐 사이에 탈해가 매가 되니 왕은 독수리가 되었고, 또 탈해가 참새가 되니 왕은 새매가 되었다. 이렇게 변하는 데 순간도 걸리지 않았다. 탈해가 제 모습으로 돌아오자 왕 역시 본모습이 되었다.
>
> 탈해가 그제야 엎드려 항복하며, "매가 독수리에게, 참새가 새매에게 잡히지 않았던 것은 모두 왕께서 어진 마음을 가졌기 때문입니다. 제가 왕과 왕위를 놓고 다투기가 진실로 어렵습니다."
>
> 곧 왕에게 절을 하고 하직하고 나갔다.

> 하백이, "왕이 천제의 아들이라면 무슨 신이한 재주가 있는가?" 하니, 왕이 "무엇이든지 시험하여 보소서" 하였다.
>
> 이에 하백이 잉어로 변하여 물결을 따라 노니니 왕이 수달로 변하여 잡았고, 하백이 사슴으로 변하여 달아나니 왕이 승냥이로 변하여 쫓았다. 하백이 꿩으로 변하니 왕이 매로 변하여 공격하

였다. 하백은 참으로 천제의 아들답다고 생각하여 풍악을 베풀고 술을 내어 왕에게 권하였다.

위의 첫 번째 이야기는 『삼국유사』에 실린 신라 4대왕 석탈해와 가락국의 시조 수로왕의 대결이고, 두 번째 이야기는 『동국이상국집』에 실린 물의 신 하백과 천제의 아들 해모수의 대결입니다. 여기서 변신은 이들의 능력을 검증하고 비교하는 중요한 도구로 작용합니다.

무엇으로 변할지, 이 판에서 어떤 수를 써야 할지. 변신 이야기의 핵심은 바로 이런 궁리에서 나옵니다. 우리 옛이야기는 누가 더 영리하게 변신하고 퇴로가 없는 상황은 어떻게 돌파할 것인지를 고민하며 더욱 촘촘해졌습니다. 변신은 재미뿐만 아니라, 위기 앞에서 인간이 어떤 창의력을 발휘해 왔는지를 보여주는 좋은 수단이 되기도 합니다.

3
인간을 향한 믿음

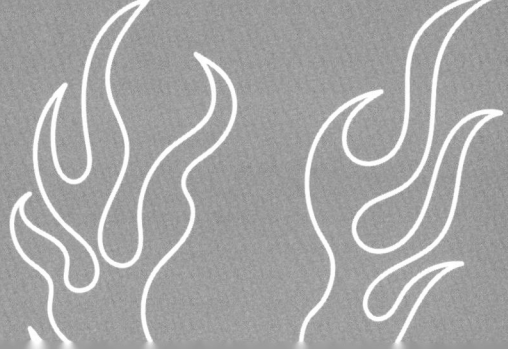

두려움 없이 요괴와 맞서는 용기

괴물 이야기에는 언제나 용맹한 주인공이 등장합니다. 이런 인물들은 하지 말라는 것을 '꼭' 하고야 맙니다. 사악한 요괴를 퇴치해야 하는 상황이라면 더더욱 그렇습니다. 그들은 세계의 질서를 바로잡기 위해 죽음도 두려워하지 않죠.

예능 프로그램에서 한 연예인이 이런 말을 하더군요. "좀비 세상이 온다면 그냥 제일 먼저 죽으려고요. 그게 마음 편할 것 같아요." 웃기기도 했지만, 한편으로는 공감도 되었습니다. 괴물을 물리치고 살아남는 일이 버겁게만 느껴지는 까닭입니다. 저는 아무래도 천상 주인공 팔자는 못되려나 봅니다.

고전소설 『소현성록』에도 용맹한 주인공들의 이야기가 대를 이어 펼쳐집니다. 3대에 걸친 이야기를 풀어내는 대장편소설답게 인물과 서사가 방대하지만, 이 글에서는 주인공 소현성과 그의 아들 소운성의 행적에 집중해 보겠습니다.

벗과 함께 유람을 떠난 소현성은 한 절에서 괴상한 소리를 내며 몸부림치는 상좌를 만납니다. 그는 산에 갔다가 요괴를 만난 뒤로 넋이 나갔다는데요. 신기하게도 소현성을 본 순간 상좌가 갑자기 비명을 멈춥니다. "귀한 사람들이 왔기에, 내 몸 속의 요괴는 이제 자기 소굴로 떠났다"는 겁니다.

모두 안심하는 가운데, 소현성만이 영 마뜩잖아합니다. 주위를 둘러보던 그의 눈에 수천 년 된 버드나무 한 그루가 들어옵니다. 소현성은 이 나무에 귀신이 깃들어 있다고 느끼고, 일행을 먼저 보낸 뒤 붓을 꺼내 나무에 글을 쓰기 시작합니다. 그러자 순식간에 구름과 안개가 몰려들고 땅에서는 먼지가 가득 일어납니다. 산이 무너지고 물이 갈라질 듯한 기세로 벼락이 나무에 내리꽂혔지만 소현성은 얼굴빛 하나 바꾸지 않고 붓을 멈추지 않았습니다. 마침내 나무가 뿌리째 뽑히며 갈라졌고, 구름 사이로 밝은 해가 비치며 하늘이 다시 맑아졌습니다.

산산이 부서진 나무 옆에는 커다란 지네 한 마리가 숨이 끊긴 채 나뒹굴고 있었습니다. 소현성이 쓴 글자만이 나무 조각 하나에 또렷하게 남아 있었지요. 무슨 글이었는지는 소설에 나와 있지 않습니다. 요괴를 제압하는 주문, 혹은 아무나 흉내 낼 수 없는 경전의 특별한 구절이었을지도요. 하지만 분명한 건, 끝까지 붓을 놓지 않은 소현성의 용기가 이 싸움을 끝냈다는 사실입니다.

소현성의 아들 소운성 역시 용맹함을 물려받았습니다. 계명산의 한 절에서 그는 승려들로부터 놀라운 이야기를 듣습니다. 10년 전부터 객당에 요괴 다섯 마리가 나타나 손님을 죽인다는 겁니다. 보통 사람이라면 이런 상황에서 도망가거나 안전한 곳을 찾겠지요. 승려들 역시 소운성에게 어서 몸을 피하라고 조언합니다. 하지만 소운성은 오히려 이들을 꾸짖습니다.

"군자가 어찌 요괴를 피하겠는가? 너희들은 빨리 나를 객당으로 안내해라. 내가 요괴를 죽이고 이 절을 편안하게 하겠다."

그는 승려들의 만류에도 불구하고 요괴들과 대결합니다. 오색 옷을 입고 긴 창을 든 첫 번째 요괴의 정체는 큰 꿩이었습니다. 누런 옷의 두 번째 요괴는 하얀 얼굴의 여우였지요. 세 번째 요괴는 검은 옷을 입고 독기를 뿜어 주위를 혼란스럽게 했지만, 소운성이 칼로 베자 검은 뱀으로 변합니다. 뱀의 피가 소운성의 팔에 떨어지자 그는 즉시 칼로 환부를 베어내는 과감함을 보여줍니다. 마지막 두 요괴와의 대결 장면은 어떻게 표현되었을까요?

운성이 꾸짖어 말하길, "네가 이유도 없이 군자가 자는 곳에 와서 괴롭게 구니 만일 물러가지 않으면 세 요괴처럼 해를 입으리라." 두 요괴가 분노하여 "우리가 일찍이 너와 원수진 일이 없는데 나의 형제를 죽이니 이제 원수가 되지 않겠는가?"
한꺼번에 달려들어 싸우니 운성 또한 힘을 다해 싸웠다. 원래 운성의 기운이 세상의 것이 아니고 용기 또한 보통 사람을 뛰어넘을 뿐 아니라 칠성검(참요검)의 신기함이 요괴를 제어하기 때문에 오래지 않아 또 하나를 베었다. 베고 보니 거북의 정령이었다. 오직 한 요괴가 남아서 삼경에서 오경(밤 11시-새벽 5시)까지 싸우는데 승패가 나지 않았다. 이윽고 닭이 울고 동쪽이 밝아오자 요괴가 달아나려 하였다. 운성이 기세를 몰아 그 어깨를 치니 빛이 번쩍

하며 땅에 엎어졌는데 다름 아닌 이곳의 돌사자였다. 운성이 다섯 주검을 모아 한구석에 두고 누워 쉬다 잠이 들었다.

소운성이 상대한 다섯 요괴는 꿩, 여우, 뱀, 거북, 돌사자의 정령이었습니다. 지치지 않고 싸우는 운성의 힘도 놀랍거니와 두려움 없이 맞서는 모습 또한 대단합니다.

소현성과 소운성 부자는 요괴를 피할 수 있었음에도 그러지 않았습니다. 이들의 행동이 때로는 무모해 보이지만 그 바탕에는 굳은 의로움이 자리합니다. 그리고 이로써 요괴로 인해 일어날 수 있는 모든 불행을 막을 수 있었습니다.

현대를 살아가는 우리에게도 이런 영웅들의 이야기는 여전히 시사하는 바가 큽니다. 사회적 불의와 부조리, 그리고 내면의 두려움이라는 또 다른 형태의 요괴들은 지금도 우리 곁에 있지요. 칠성검을 들고 맞서지 않더라도, 그런 요괴들을 이겨내는 데에는 소현성과 소운성 못지않은 힘과 인내심, 자제력이 필요할 겁니다.

만약 여러분이 이러한 힘을 바탕으로 조금씩 나아가고 있다면, 무엇이든 당장 할 수 있는 것부터 하나씩 실천하고 있다면 이미 용기 있는 삶 아닐까요? 이렇게 보니 주인공 팔자가 따로 있다기보다 우리 모두가 내 삶의 주인공이자 영웅이라는 생각이 듭니다.

유혹에 넘어가지 않는 맑은 정신

변신하는 요괴는 인간을 유혹하여 해치기도 합니다. 특히 여우 요괴는 아름다운 여인으로 변신하여 남성을 홀리고 그의 정기를 빼앗는 것으로 묘사되곤 하지요. 하지만 모두가 그 계교에 사로잡히는 건 아닙니다.

고전소설 『현몽쌍룡기』의 주인공 조성은 광동 땅의 새 감찰관으로 부임했습니다. 그런데 무슨 일인지 관아에 주검이 잔뜩 널려 있었습니다. 이전 관리들이 괴이한 기운에 의해 모두 죽음을 맞았고, 주검을 치우려는 자 또한 같은 운명에 처했습니다. 이런 상황을 인지하고도 조성은 문제를 해결하고자 합니다. 요괴가 출몰한다는 관아로 들어가 밤을 보내기로 하지요. 깊은 밤이 되자 정신이 황홀할 정도로 아름다운 여인이 나타나 그를 유혹합니다.

조성은 여인의 손을 잡아 곁에 앉히고 별 같은 두 눈을 뚫어질 듯이 보며 그녀의 몸을 두루 만졌다. 여인이 처음에는 교태를 부리며 서로 잘 어울리더니 점차 물러나려고 하였다. 조성이 웃으며 "어찌 이리 박정하게 구는가?"
그러고는 여인의 머리를 단단히 쥐고, 좌우에 있는 남자 종을 보니 벌써 요괴의 홀림에 넋을 잃고 엎어져 절인 파같이 되어 있었다. 여인은 점차 초췌해지며 온갖 계책으로 달아나려 하였다. 조성이 손으로 여인을 잡고 "제요(除妖, 요괴를 제거한다)!"라고 외치며 부적을 공중으로 던지니 여인이 홀연 소리를 크게 지르고 엎어졌다. 그 순간, 황건역사 두 명이 조성의 앞에 와서 절한 후 쇠사슬로 여인을 묶고 말하였다.

"네가 깊은 산에 숨어 사람을 많이 죽이고 피와 살을 먹어 죄악이 가득하다. 오히려 올바른 군자를 죽이려 하니 이 사슬에 목을 넣어라!"

이렇게 말을 하니 요괴가 본 모습을 드러냈는데 꼬리가 일곱 개에 털이 금빛이며 눈망울이 불같은 여우였다.

조성은 그녀에게 매혹된 듯한 모습을 보이지만, 이는 모두 훌륭한 연기였습니다. 결국 그는 요괴를 제압하고 주문과 부적으로 황건역사(잡귀나 악신을 몰아내는 신장(神將))를 소환하여 요괴 퇴치에 성공합니다.

이곳에 부임했던 관리들은 모두 요괴 때문에 마을이 폐허가 되고 있음을 짐작했을 것입니다. 관아의 숱한 주검은 이 문제를 해결해 보려는, 그러나 실패하고 만 흔적들이죠. 그들은 마음을 다잡고 요괴에 맞서려 했지만 끝내 그 유혹을 뿌리치진 못했나 봅니다.

어쩌면 우리 삶에서도 매일 볼 수 있는 풍경입니다. 건강관리를 해야 하지만 이 술 한 잔 마시고 내일부터, 공부해야 하지만 영상이 더 재미있어서. 뜨끔하실까요? 저 역시 그렇습니다. 그것이 허상이며 옳지 않다는 것을 알아도 단칼에 끊어내기는 쉽지 않죠. 하지만 요괴 이야기 속의 빼어난 주인공들은 결국 유혹을 끊어내고 문제를 해결합니다. 강한 의지와 결기를 끝까지 놓지 않은 덕분이지요. 그 의지는 우리에게도 분명히 있습니다. 지금 여기서, 작은 한 걸음이라도 내디딜 수 있다면 그것으로 충분합니다.

이제, 앞서 만난 『소현성록』의 주인공 소운성 이야기를 좀 더 해보려 합니다. 소운성이 계명산에서 다섯 요괴를 하룻밤에 일망타진했다는 이야기가 일대에 파다하게 퍼집니다. 미장산에 사는 700년 묵은 여우는 소운성을 홀려 그의 정기를 빼앗기로 결심합니다. 허망하게 떠난 다섯 요괴의 복수도 하고, 운성의 대단한 기운을 흡수하기 위해서였죠.

이 여우는 어느 소녀를 죽이고 그녀의 모습으로 행세하고 있었는데요. 소운성과 혼인하게 해 달라고 매일같이 소녀의 아버지를 들볶습니다. 마침 소운성이 근처를 지나다 이 집에 머물게 되고, 딸이 요괴인 줄은 꿈에도 몰랐던 아버지는 운성을 열심히 설득합니다.

주인이 다시 청하기를,
"손님은 어찌 이렇듯 거절을 하십니까? 딸의 기질이 출중하여 그릇됨이 없을 것입니다. 또한 오늘은 길일이니 손님이 예를 갖춰 거사를 치르면 좋겠습니다. 여기서 서울이 가까우니 나 또한 따라 올라갈 것입니다."

운성이 매우 이상하게 여겨 소매 안에서 점괘를 뽑아보니 '길 한 가운데 여우가 있다'는 괘가 나왔다. 역시, 생면 부지인 사람에게 귀한 딸을 준다는 것이 수상한 일이었다.

소운성은 결국 딸을 만나기로 합니다. 문을 열고 방으로 들어온 그녀는 아름답기가 이루 말할 수 없었습니다. 그러나 운성은 바로 그녀가 요괴임을 알아보죠. 요괴는 맑은 목소리와 갖은 교태로 운성을 유혹하지만, 그의 단단한 몸과 기운 앞에서 술법은 통하지 않습니다.

운성은 요괴에게 자신과 함께 서울로 가자고 합니다. '이 남자의 마음을 얻으려면 시간이 좀 걸리겠군.' 하며 요괴 역시 흔쾌히 승낙합니다. 그런데 운성의 서울 집에는 뜻밖의 인물이 있었습니다.

"너는 어떤 업보 많은 짐승이기에 감히 요술로 사람 행세를 하여 군자를 속이느냐?"
소현성의 호령에 요괴가 떨리고 두려워 저절로 머리를 숙였다.
현성이 다시 꾸짖길,
"네가 마침내 본래의 모습으로 도망치고자 하는구나!"
말을 마치기도 전에 요괴가 소리를 지르며 금빛 털의 구미호로 모습을 드러냈다. 이내 계단 앞에 엎드린 그것을, 소운성이 칼을 빼어 두 동강 내었다.

운성이 요괴와 함께 집에 도착한 순간, 아버지 소현성은 한눈에 그 정체를 간파하고 곧장 처치합니다.

주인공들의 능력은 실로 놀랍습니다. 그들은 외형의 아름다움이나 달콤한 말에 현혹되지 않고 사물의 본질을 통찰합니다. 이는 혜안을 타고났기 때문만이 아니라, 껍데기보다는 알맹이를 꿰뚫어 보려는 노력의 결과일 것입니다. 문득 『어린왕자』의 한 구절이 떠오르네요.

"비밀은 아주 단순해. 그건 마음으로 보아야 보인다는 거야. 가장 중요한 건 눈에 보이지 않아."

결국 우리에게 필요한 것은 '마음의 눈'입니다. 이토록 복잡하고 찬란한 시대, 불안과 유혹이 늘 곁을 맴도는 시대에 사는 우리에게 진정 필요한 것이죠. 그런데 마음의 눈은 쉽게 뜨이지 않습니다. 나는 무엇을 욕망하는지, 내 안에 가려진 두려움은 무엇인지, 만물의 이면에는 무엇이 숨어 있는지 오랜 시간 성찰해야 혜안을 얻을 수 있습니다.

변신하는 요괴 이야기는 마음의 눈을 지닌 영웅을 우리에게 보여줍니다. 유혹에 흔들리지 않고 용기와 의지, 지혜로써 결국 승리하는 인간의 모습이지요. 이러한 이야기들은 인간의 본질적인 가치를 다시 신뢰하게 합니다.

칼럼 ❹

〚 근현대에 만들어진 괴물들 〛

: 장산범, 빨간 마스크, 홍콩할매귀신

◆

1. 장산범

　장산범 이야기는 오래된 민담 같지만 실은 2000년대에 생성된 〈잠들 수 없는 밤의 기묘한 이야기〉라는 괴담 커뮤니티에서 시작되었습니다.
　첫 번째 이야기는 화자가 10여 년 전 중학생이었을 때, 부산의 장산에 올라갔다가 사람인지 짐승인지 모를 것을 목격했다는 내용입니다. 두 번째 이야기는 36세인 여성이 부산시 북구 소재의 초등학교 4학년이었을 당시 산을 기어 올라가던, 역시 사람인지 짐승인지 분간이 가지 않는 흰색 물체를 보았다는 것이고요.
　이후 〈스레딕〉이라는 커뮤니티에서 장산범 목격 사례를 모집하며 장산범 이야기는 점차 대중에게 확산되었습니다. 네이버 웹툰 〈2013 전설의 고향〉 시리즈에서 POGO 작가가 장산범 에피소드를 그리기도 했지요. 공통적으로 회자되는 장산범의 형태는 다음과 같습니다.

- 얼굴이 흰 털로 덮여 있고, 몸의 긴 털 속에 호랑이 줄무늬가 있다.
- 몸집이 거대하다. 사람인지 동물인지 분간하기 어렵다.
- 매혹적인 여성의 모습을 하고 있다.
- 산, 묘지처럼 외딴곳에 출현한다.

- 눈은 자동차 불빛처럼 번뜩이고, 달리는 차와 견줄 만큼 빠르게 움직인다.
- 이상한 소리를 내거나 동물이나 사람 목소리를 흉내 낸다.

우리의 옛 문헌은 물론, 2000년대까지의 민담을 채록한 『구비문학대계』에도 장산범에 관한 기록은 없습니다. 비교적 최근에 모습을 갖춘 괴물이지요. 인터넷 커뮤니티를 중심으로 하나의 이야기가 과장되고 확대되면서 그럴듯한 공포 이야기가 만들어지는 모양새인데, 2017년에는 〈장산범〉이라는 제목의 영화도 개봉되었습니다. 이 영화는 장산범의 여러 특징 가운데 목소리를 흉내 내는 점을 핵심으로 삼아, '가족의 목소리를 흉내 내는 무엇'이 유발하는 공포를 풀어갑니다. 집단 상상이 문화의 한 요소로까지 전파되는 과정이 흥미롭습니다.

2. 빨간 마스크

1970년대에 일본의 소학교를 중심으로 〈입 찢어진 여자〉라는 도시 괴담이 퍼졌습니다.

으슥한 저녁, 젊고 예쁜 여성이 코트 차림에 마스크를 쓴 채 흉기를 들고 나타난다. 여성은 지나가는 아이에게 다가가 "나 이뻐?"하고 묻는다. 그렇다고 답하면 여성은 마스크를 벗고 "이래도 이뻐?"하며 찢어진 입을 보여준 후 아이의 입을 찢는다. 못생겼다고 하면 낫으로 죽인다. 만약 아이가 여성을 보고 도망간다면 무서운 속도로 따라와 해친다.

일본에서는 이 이야기가 전국적으로 유행했고, 여성의 정체에 관해서도 많은 각편이 존재했습니다. 이를테면 그녀의 입이 찢어진 이유는 태어날 때 병에 걸려 입이 작아졌고 이를 고치기 위해 수술하였으나 실패했다는 것, 세 자매 중 막내로 태어난 여성의 미모를 질투하여 언니들이 입을 찢었다는 것, 교통사고로 그렇게 되었다는 것 등입니다.

이 이야기는 1983년 한국으로 건너와 어린이들 사이에 전파됩니다. 특이하게도 10년 주기로 다시 입소문을 탑니다. 1994년, 2004년에 집중적으로 유행했는데 특히 2004년에는 빨간 마스크를 소재로 한 동화책이나 만화책이 15권이나 발간되었다고 합니다. 한국의 빨간 마스크는 대체로 이런 모습입니다.

- 빨간 마스크는 일본에서 비행기를 타고 온 여자 요괴다. 세 자매 중 막내로 알려졌다.
- 키는 2m, 또는 4m 이상이며 긴 생머리에 하얀 비옷을 입고 언제나 빨간 마스크를 쓴다.
- 빨간 것을 좋아해서 때때로 옷, 립스틱, 귀걸이, 구두 등 모든 차림을 빨간색 계통으로 한다.
- 혈액형에 따라 입을 찢는 형태가 달라지거나, 자신이 증오하는 특정 혈액형만 죽이기도 한다.
- 낫, 칼, 식칼 같은 흉기를 소지하고 있으며, 파란 마스크, 노란 마스크, 하얀 마스크 등의 변종이 있다.
- 빨간 마스크는 저녁에 활동하며 으슥한 곳에 나타난다. 주로 아이들에게 "나 이뻐?"하고 묻는다.

학자들은 일본의 빨간 마스크가 한국에서도 유행할 수 있었던 배경으로 어른들의 심리를 언급합니다. 당시 어린이를 상대로 한 범죄가 많았기에, 어두워지기 전에 자녀가 귀가하길 바라는 부모의 마음이 반영되었다는 것이죠. 또는 사교육 열풍 속에서 우리 아이만 학원에 보내지 못하는 가난한 부모가 늦게까지 공부하는 아이들에게 공포감을 주려는 목적으로 이런 이야기를 만들었다고 해석하기도 합니다. 10년마다 되살아나는 괴담을 보면, 시간이 흘러도 우리가 두려워하는 것들은 그리 달라지지 않는 듯합니다.

3. 홍콩할매 귀신

홍콩할매 귀신 이야기는 1980년대 말에서 1990년대 초에 걸쳐 아이들을 중심으로 널리 퍼졌습니다.

고양이를 끔찍이 아끼던 할머니가 몰래 가방에 고양이를 숨긴 채 홍콩행 효도관광을 떠났다. 그러나 비행기 추락 사고가 일어났고 그 자리에서 할머니는 숨졌다. 살아남은 고양이는 자신의 영혼을 할머니에게 내어주었고, 그 결과 할머니는 반인반묘(半人半猫)의 귀신으로 되살아났다. 이성을 잃은 할머니는 홍콩에서 사람들을 잡아먹으며 다니다가 한국으로 돌아온다. 아이들 앞에 불쑥 나타나 질문을 던지고, 정답을 말하지 못하면 그 자리에서 목숨을 빼앗는다.

전해지는 이야기를 종합하면 이 할머니는 귀신으로 다시 태어나면서 몸집이 상당히 커졌고, 항상 소복 차림으로 밤 12시부터 새벽 4시까지 돌아다닙니다. 그녀는 콩콩 뛰듯 걷고, 한걸음에 500미터를 갑니다. 또 한 건물의 2, 3층 정도는 가볍게 뛰어오를 수 있습니다. 그러니 홍콩할매에게 걸리면 도망갈 수 없습니다. 할매라고 만만히 봤다간 큰일나기 십상이지요.

하지만 마치 열쇠와 자물쇠처럼, 이 귀신으로부터 살아남을 수 있는 정보도 공존했습니다.

- 홍콩할매 귀신이 뒤에서 어깨를 두드리며 이름을 부르면, 손댄 반대쪽으로 고개를 돌려야 한다.
- 그녀가 손톱을 보여달라고 하면 엄지를 말아 넣은 주먹을 내밀어야 한다. 그렇지 않으면 손톱이 뽑힌다. 목 또한 마찬가지이니 목을 감싸고 보여주어야 한다.
- 홍콩할매 귀신이 띠를 물어보면 '개띠', '돼지띠' 라고 대답해선 안 되고, '머리띠', '허리띠' 등으로 답해야 한다.
- 질문과 부탁은 단호히 거절해야 한다. 만약 대답을 해버렸다면 문장 뒤에 '홍콩'이라는 말을 덧붙이면 살 수 있다. (예: '저희 집은 8층이에요, 홍콩')
- 홍콩할매는 밖에서 아이의 이름을 부르다가 아이가 창문을 열면 그 틈으로 들어와 해치고, 화장실 넷째 칸에 숨어 있다가 아이가 들어와도 죽인다. 전화벨이 네 번 이상 울리기 전에 받으면 나타나 잡아간다. 따라서 이를 피할 수 있도록 해야 한다.
- 잠잘 때 이불을 덮지 않는 아이를 잡아가므로 머리부터 발끝까지 덮어야 한다.
- 홍콩할매 귀신과 만나지 않도록 가급적 밤에 돌아다니지 않는다.

칼럼 ❹

얼토당토않은 이야기일 뿐인데 그 내용이 구체적이다 보니 어린아이들은 이 홍콩할매 귀신에 상당한 공포를 느꼈습니다. 심지어 학교에 가는 것조차 두려워합니다. 1989년 6월 24일 MBC 9시 뉴스데스크에서는 "서울의 신림동과 노량진 일대에 홍콩할매 귀신이 아이들을 납치해서 해친다는 소문이 나돌고 있어 불안감을 높인다"는 보도를 할 정도였으니까요.

이 귀신은 당시 대중매체를 통해서도 유명해졌습니다. 코미디언 심형래 주연의 아동 영화 <영구와 땡칠이 4 홍콩할매귀신>(1991)의 소재가 되기도 했고, MBC 인형극 <지구를 지켜라 태극아이 505>(1990)에도 아이들에게 겁을 주는 캐릭터로 등장했습니다.

이 괴담이 유행하던 시기는 경제 호황으로 맞벌이 부부가 점차 증가하던 때였습니다. 아이들을 염려하고 단속하려는 부모의 걱정과, 자신을 홀로 남겨두지 말라고 부탁하는 아이들의 목소리가 맞물리면서 이 이야기는 자연스럽게 퍼져나갔겠지요.

도시괴담은 불안한 현실을 감각적으로 풀어낸 이야기입니다. 겉으론 허무맹랑해 보여도 그 안엔 당대의 분위기와 사람들의 감정이 스며 있습니다. 그러니 어떤 사회를 이해하고 싶다면 그 시기에 떠돌던 괴담을 들여다보는 것도 좋은 방법입니다. 말보다 먼저 떠도는 이야기에는 사회가 감추려 했던 진심이 은근히 배어 있기 마련이니까요.

【 참고문헌 】

단행본

김문희 역주,『현몽쌍룡기』, 소명출판, 2010.
박용식 역주,『한국고전문학전집 16: 금방울전·김원전·남윤전·당태종전·이화전·최랑전』, 고려대학교 민족문화연구원, 1995.
예태일, 전발평 편저, 서경호, 김영지 역,『산해경』, 안티쿠스, 2008.
운단학회 편,『동국이상국집』, 일조각, 2000.
이윤석, 김경미 교주,『연세 국학총서 34: 수저옥란빙·곽해룡전』, 경인문화사, 2007.
이익 저, 김철희 역,『성호사설』, 한국고전번역원, 1976.
일연, 최광식, 박대재 역주,『삼국유사』1, 고려대학교출판부, 2014.
임동권 편저,『한국의 민담』, 서문문고, 1972.
한상수 편,『한국민담선』, 정음사, 1974.
허순우, 최수현 역주,『소현성록』3, 소명출판, 2010.
작자 미상,『황장군전』, 세창서관, 1952.

연구논문

강진옥,「변신설화에 나타난 세계인식양상(1) - 짐승원귀 환생을 중심으로」,『이화어문논집』10, 이화여자대학교한국어문학연구소, 1989.
강진옥,「변신설화에서의 '정체확인'과 그 의미」,『진단학보』73, 진단학회, 1992.
김미란,「한국 변신설화 연구 - 몇 가지 기본사유를 중심으로」,『고전문학연구』4, 한국고전문학회, 1988.
김종대,「도시에서 유행한 〈빨간 마스크〉의 변이와 속성에 대한 시론」,『한국민속학』41, 한국민속학회, 2005.

김준희, 「여우누이 설화 속 '여우누이'의 복합적 형상화 연구」, 『구비문학연구』 46, 한국구비문학회, 2017.

김준희, 「〈여우누이〉 설화에 나타난 그로테스크와 그 의미」, 『한국고전연구』 57, 한국고전연구학회, 2022.

노성환, 「바다를 건넌 일본의 요괴 – 빨간 마스크의 도시괴담을 중심으로」, 『일어일문학』 36, 대한일어일문학회, 2007.

노성환, 「홍콩할매귀신과 일본의 요괴」, 『일어일문학』 87, 대한일어일문학회, 2020.

박대복, 강우규, 「『소현성록』의 요괴퇴치담에 나타난 초월성 연구」, 『한민족어문학』 57, 한민족어문학회, 2010.

박대복, 유형동, 「〈여우누이〉에 나타난 요괴의 성격과 퇴치의 양상」, 『어문학』 106, 한국어문학회, 2009.

박대복, 유형동, 「여우의 초월적 성격과 변모 양상」, 『동아시아고대학』 23, 동아시아고대학회, 2010.

오세정, 「한국 신화에 나타난 변신의 양상과 의미」, 『한국고전연구』 16, 한국고전연구학회, 2007.

유진아, 「'지네각시 설화'에 나타나는 남성과 여성의 경험과 의식세계」, 『정신문화연구』 39(4), 한국학중앙연구원, 2016.

이강엽, 「고전서사물의 변신담, 그 유형과 의미」, 『철학사상문화』 37, 동국대학교 동서사상연구소, 2021.

이상일, 「변신설화의 유형분석과 원초사유」, 『대동문화연구』 8, 성균관대학교대동문화연구원, 1971.

이소윤, 「뉴미디어 시대에 등장한 도시괴담 장산범 연구」, 『구비문학연구』 48, 한국구비문학회, 2018.

최어진, 「장산범 창귀 이야기의 매체 전환과 그 의미 – 웹툰 및 대중가요를 중심으로」, 『문화와 융합』 44, 한국문화융합학회, 2022.

최원오, 「동물/인간의 경계와 욕망, 그리고 변신 – 한국과 북미 원주민 구전설화에서의 동물신부를 중심으로」, 『비교민속학』 53, 비교민속학회, 2014.

기타

『삼국유사』, 한국사데이터베이스
(https://db.history.go.kr/ancient/search/searchResultList.do)

『성호사설』, 한국고전종합 DB(https://db.itkc.or.kr/)

『한국구비문학대계』, 한국학통합플랫폼(https://kdp.aks.ac.kr/gubi)

유용하, 「(기자24시) 홍콩할매귀신과 인터넷」, 『매일경제』, 2008.5.14.

이수진, 「추억의 납량특집 ① 홍콩할매는 왜 홍콩에서 왔을까」, 『조선일보』, 2020.7.21.

이연실, 「곽재식 "사람으로 변신해 사람 홀린다는 여우 이미지, 습성과 웃는 소리 때문일지도"」, 『iMBC』, 2023.10.24.

5장 더 알아보면 좋을 괴물들

1
거대한 공포의 화신들

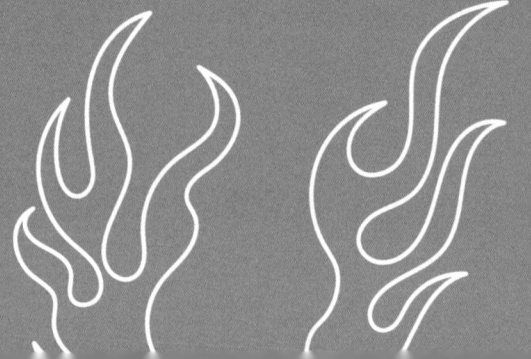

🔥 머리가 아홉 개 달린 아귀

지금까지 우리 이야기와 문화 속의 신이한 존재들을 원귀, 도깨비, 요괴로 분류하여 소개해 보았습니다. 하지만 이 틀을 슬쩍 비켜가는 괴물도 상당히 많죠. 그래서 이번엔, 그 범주 밖에서 눈여겨볼 만한 몇몇 괴물들을 소개해 보려 합니다.

모름지기 괴물이라고 할 때 가장 먼저 떠오르는 건 괴이한 외형입니다. 특히 겉모습으로 위압감을 자아내려 한다면 보자마자 숨을 멈출 만큼 경악스러워야 할 것입니다. 고전소설 『김원전』에 등장하는 아귀처럼요. 지금 이야기할 아귀는 불교에서 전해지는 배고픈 괴물 아귀(餓鬼)[1]와는 다릅니다. 동명이괴(同名異怪)라고 해야겠네요. 그러니 헷갈리지 말고 봐주시면 좋겠습니다.

> 김원이 크게 놀라 창검을 들고 큰 나무에 기대어 서 있었는데 이윽고 한 흉악한 짐승이 내려오거늘, 자세히 보니 키가 십 장(약 30m)이 넘고, 몸이 큰 집채만 하고, 머리가 아홉이요 빛은 오색이 영롱했다. 이 짐승이 미인 셋을 등에 얹었는데 그 미인들이 눈물을 흘려 붉은 치마를 적시니 그 애원하는 모습을 차마 볼 수 없었다.

아귀의 키는 십 장이나 되는데, 이는 아파트 10층 정도의 높이입니다. 크기뿐만 아니라 머리에서도 시선을 뗄 수 없습니다. 거대한 몸에 아홉 개의 머리를 달고 있으니 움직일 때마다 주변 사물이 흔들리고 벽력같은 소리가 나는 건 당연합니다.

생각해 보면 크기가 핵심이 되는 괴물 이야기가 많습니다. 영화로 생각하면 더 잘 와닿습니다. 〈킹콩〉 시리즈(1933, 1976, 2005, 2017), 〈고질라〉(1998, 2014), 〈쥬라기공원〉 시리즈(1993, 1997, 2001), 〈쥬라기월드〉 시리즈(2015, 2018, 2022) 등이 대표적이죠. 이들 괴수물에서는 괴물의 압도적인 비주얼이 관객의 감각을 장악합니다.

아귀 역시 거대한 외형과 대단한 위력을 가진 괴물입니다.

아귀가 말을 마치며 입 하나를 벌리니 위턱이 하늘에 닿은 듯하고 아래턱은 땅에 닿았다. 또 한 입을 벌리니 번개 같은 불길이 들락날락하고, 또 한 입을 벌리니 천병만마(千兵萬馬)가 진을 치고, 또 한 입을 벌리니 퍼런 물결이 산골짜기에 불어 넘쳤다. 또 한 입을 벌리니 호랑이와 표범과 승냥이와 이리가 무수히 나오고, 또 한 입을 벌리니 구름과 안개가 천지에 자욱하고, 또 한 입을 벌리니 뇌성벽력이 천지를 진동하였다. 또 한 입을 벌리니 시끄러운 소리가 낭자하더니 화살과 돌이 비 오듯 하고, 마지막 입을 벌리니 거센 바람이 일어나며 집채 같은 바위가 날렸다. 김원이 이런 정경을 보고 마음속으로 냉소하나 다시 손 쓸 길이 없었다.

아귀의 첫 번째 입은 위턱은 하늘에 닿을 듯, 아래턱은 땅에 닿을 듯하고, 나머지 입은 각각이 하나의 세계인 듯 그려집니다. 그 입에서 불길과 천병만마, 온갖 짐승이 쏟아져 나오고 뇌성벽력이 치지요. 입을 여러 세계의 입구로 본 이 상상에서 현실과 비현실을 넘나드는 풍부하고도 자유로운 인식이 느껴집니다.

아귀는 입으로 사람들을 서슴없이 공격합니다. 들숨과 날숨으로 사람들을 빨아들였다가 날려버릴 수도 있지요. 이어지는 이야기에는 궁궐에 난입한 아귀가 숨을 크게 내쉬자, 임금과 신하들이 날아가는데 5리(약 2km)나 떠밀려갑니다. 아홉 개의 입을 무기 삼아 갖은 조화를 부리기까지 하니 보통 사람으로서는 이런 괴물을 당해낼 재간이 없습니다.

☙ 무쇠 몸의 요괴, 응천대장군

키가 1장 5척(약 4.5m), 머리는 구리, 몸은 온통 쇠로 덮여 있고, 눈알은 황금빛이며 희게 드러난 이는 모두 옥(玉)인 자가 있습니다. 그의 이름은 응천, 바로 고전소설 『태원지』의 주인공 일행이 첫 번째로 만나는 괴물입니다.

이 거인은 사람의 형상을 하고 있지만 능력과 외형을 보면 사람이라 할 수 없습니다. 복희씨[2] 때부터 지금까지 살아온 그는 물에 들어가도 빠지지 않고 불에 들어가도 타지 않아 어떤 짐승

도 그를 해치지 못합니다. 또한 도술에도 능하여 비·바람·구름·
벼락을 마음대로 불러내지요. 그러나 웅천의 이런 능력은 오로지
노략질과 착취에만 발휘될 뿐입니다.

웅천은 "바다를 움직일 정도의 큰 북소리 같은" 괴성을 지르
며 등장합니다. 주인공 일행은 그의 기세에 눌려 싸울 마음이 들
지 않습니다. 곧 정신을 차리고 용감한 장수가 나서지만, 얼마 버
티지 못하고 나가떨어집니다. 세 사람이 달려들어 철퇴로 내리쳐
도, 웅천의 얼굴에 활을 쏘아 정통으로 맞혀도 그는 끄떡없습니
다. 웅천이 손에 든 금방울을 흔들고 입으로 주문을 외면 천지가
어두워지며 비바람과 모래, 돌이 휘날려 눈을 뜰 수조차 없게 됩
니다.

이 정도면 싸움의 신이 아닐까 싶습니다. 과연 이런 웅천을 어
떻게 이길 수 있을까요?

> 종황이 부채를 들어 휘두르니 비바람이 그치고, 천지가 조용해
> 지면서 환해졌다. 종황이 또 콧소리로 주문을 외우니 갑자기 하
> 늘에서 수천 개의 신이한 칼이 내려와 공중에서 뛰놀며 어지럽게
> 날아다녔다. 그 빛이 번개 같고 수많은 반딧불 빛 같았다. 웅천은
> 정신과 기운을 잃고 손발을 움직이지 못하고 있었다.

도사 종황은 놀라운 도술로 웅천을 묶는 데 성공합니다. 이제
그를 온전히 제거할 한 방이 필요합니다. 임웅 장군이 신명봉으

로 응천을 내리치자, 머리가 깨지고 붉은 피가 공중에 뿌려졌습니다. 이후 응천의 시신은 무지개가 되어 하늘로 올라가더니 곧바로 사라집니다. 신명봉은 요괴들이 두려워하는 상서로운 무기입니다. 응천의 껍데기는 거대한 사람이었을지 몰라도, 본질은 요괴이기에 신명봉의 일격으로 물리칠 수 있었던 것이죠.

🔥 괴물을 이기는 건 누구인가

괴물은 놀라운 힘과 능력으로 인간을 위협하지만, 끝내 제압당하고 맙니다. 이긴 자에겐 어김없이 괴물을 뛰어넘는 지점이 있기 마련이지요.

괴물과 맞서 승리를 거두는 존재는 늘 특별하게 그려집니다. 이는 동서양 신화의 공통적 면모입니다. 괴물과 영웅의 대립은 대개 일종의 시험이나 과제로 나타납니다. 헤라클레스는 12가지 과업을 수행하면서 괴물을 무찌르고 전설이 되었고, 오디세우스는 트로이 전쟁을 마친 뒤 귀향길을 막는 괴물들을 퇴치함으로써 더욱 완벽한 영웅이 되죠.

문득 이런 생각이 듭니다. 괴물은 결국 영웅을 등장시키기 위해 만들어진 건 아닐까요? 영웅이 존재하려면 맞서 싸울 대상이 필요하니까요. 그렇다면 질문은 이렇게 바뀝니다. 우리는 왜 그토록 영웅을 원할까요?

첫 번째 이유는 빼어난 능력을 갖춘 이가 내 옆에 있기를 바라기 때문입니다. 불안하고 험한 이 세상에서 나, 그리고 나의 세계를 지켜줄 누군가가 필요하지요. 신이 있다고들 하지만 그는 눈에 보이지도, 증명되지도 않습니다. 그러나 능력이 뛰어난 사람은 실제로 존재합니다. 학교에서 회사에서, 혹은 가족 중에서도 저게 가능한가 싶은 일을 뚝딱뚝딱 해내는 사람들이 떠오르지 않나요? 타고난 힘, 지략, 혹은 불굴의 의지로 말입니다. 영웅의 이야기는 이처럼 실재하는 인간의 이야기에 살을 덧대고 무늬를 씌워 더욱 멋지게 구현되었습니다. 그리고 이 같은 영웅들이 위험천만한 세계를 지켜준다고 믿는 것이지요.

두 번째 이유는 초월적 능력에 대한 열망입니다.『태원지』의 종황은 어디서 이토록 신통한 술법을 배웠냐는 임성의 물음에 이렇게 답합니다.

어느 날 밤 절 뒤에 있는 석벽에서 제 이름을 부르는 소리가 들렸습니다. 나가보니 특별히 보이는 것이 없어서 그냥 다시 들어왔습니다. 이러기를 사나흘 했는데, 닷새째 되는 날 갑자기 벼락이 석벽에 내리쳤습니다. 갈라진 석벽 안에는 하늘의 계시를 적은 책 세 권이 있었습니다. 상권에는 우주의 법칙과 음양의 이치는 물론 신장을 부리고 비, 구름, 바람, 천둥을 부르는 술법이 담겨 있었습니다. 중권에는 땅의 이치와 함께 축지법과 산을 무너뜨리고 바위를 깨고 바다와 강을 뒤집는 술법이 적혀 있었습니다. 그리고 하권에는 자연의 이치와 함께 사람의 선악을 살피는 심안법, 싸우면 반드시 이기는 진법, 해로운 것을 피하고 이로운 것으로 나아가는 방법, 몸을 감추는 술법이 있었습니다. 처음에는 그것을 읽어도 무슨 말인지 전혀 알지 못했습니다. 하지만 여러 해 동안 차분히 몰입하여 반복해 읽다 보니 어느 날 그 신묘한 술법을 깨닫게 되었습니다.

인간은 지구상의 다른 동물에 비해 특별히 뛰어난 능력을 가진 편은 아닙니다. 공격력도 약하고, 감각은 예민하지 않으며, 날거나 빠르게 달릴 수도 없지요.

그런데 이야기는 여기서부터 흥미로워집니다. 약한 인간이 어느 날 힘을 얻게 되는 순간부터입니다. 마치 위 이야기 속 종황이 우연히 얻은 술법 책으로 감히 따라잡을 수 없는 재주를 깨우쳤듯이요. 스파이더맨은 어떤가요? 그는 평범한 학생이었지만 어느 날 거미에게 물린 뒤 초인적인 능력을 갖게 되었지요. 물론 이들은 모두 노력 끝에 그 능력을 더 정교하게 다듬어 갑니다. 그런데 만약 그 결과가 보장된다면, 한 번쯤은 도전해 보고 싶은 마음이 들지 않을까요?

네이버에 '토니 스타크'를 검색하면 "토니 스타크처럼 되려면 어떤 학과를 나와야 되나요?"라는 질문이 보입니다. 저도 정답이 궁금한데요. 할 수 있고, 배울 수 있다면 이를 마다할 사람은 아마 많지 않을 겁니다.

신비한 능력, 빼어난 힘에 대한 기대는 인간의 보편적 소망입니다. 인간은 만물의 영장이지만 신체 능력은 짐승에 비할 수 없고, 삶 또한 유한할 뿐이죠. 그래서 우리는 영웅을 떠올립니다. 나를 대신해 싸워줄 누군가를, 그리고 언젠가는 그 힘을 지니고 싶은 자신을요.

2
철을 먹는 괴물 불가사리

🔥 철을 먹던 괴물은 지금도 배고프다

20세기와 21세기를 가르는 한 획으로 저는 디지털 디바이스를 떠올립니다. 디지털 카메라는 전 국민을 사진가로 만들었고, 스마트폰은 컴퓨터보다 빠르고 간편한 도구로 자리 잡았죠. 이제는 교과서마저 태블릿 화면 위에서 펼쳐집니다. 인류의 걸작이자 생존 필수품이 된 셈입니다. 당장 스마트폰 하나만 사라져도 반나절은 우왕좌왕할 지 모릅니다.

한번 상상해 봅시다. 전 세계의 디지털 기술이 한순간에 사라진다고요. 아니, 통신망과 전자 기기, 네트워크를 통째로 집어삼키는 괴물이 눈앞에 나타난다고 해봅시다. 그 괴물을 막기 위해 기술을 동원하면 동원할수록 오히려 괴물이 더 강력해진다면 상황은 어떻게 흘러갈까요?

우리 괴물들 가운데에는 그런 녀석이 있습니다. 당대 최고의 테크놀로지를 먹이 삼아 자라죠. 철을 씹고 삼키는 괴물, 불가사리입니다.

불가사리에 대한 가장 이른 시기의 기록은 조선 중기 권문해(1534-1591)가 편찬한 『대동운부군옥』이라는 백과사전에 남아 있습니다. 권문해는 '송도 말년의 불가사리'라는 속담에 대해 "불가사리는 상상의 짐승으로 곰같이 생겼으며 악몽과 요사한 기운을 물리친다고 했으나, 여기서는 마구잡이로 아무 일이나 저질러 감당할 수 없는 존재를 가리키는 말이다"라고 했습니다. 고려 말, 수도인 송도(개성)에 불가사리라 칭할 만한 것이 계속 등장한다면 누구나 나라의 흉흉한 국운을 예측할 수 있겠지요.

이후, 조선 후기의 학자 조재삼(1808-1866)이 쓴『송남잡지』에서도 불가사리가 언급됩니다.

> **불가사리**(不可殺) : 세상에 다음과 같은 이야기가 전한다. 고려 말에 쇠를 먹어 치우는 괴물이 있었는데, 죽이려 해도 할 수 없었기 때문에 '불가사리'라고 불렀다. 이놈을 불에 던지니 온몸이 불덩이가 되어 인가로 날아가 집을 모두 태워 버렸다고 한다.

여러 기록에서 불가사리 이야기는 고려 말에 시작되었다는 것을 확인할 수 있습니다.『한국구비문학대계』에 수록된 설화에는 그 내용이 조금 더 자세히 전해집니다.

> 옛날 송도에 모든 중을 잡아들이라는 나라의 명이 있었다. 어느 중이 누이의 집에 숨어 지내다가 밥풀로 짐승처럼 생긴 괴상한 물건을 만들고 재미 삼아 바늘을 먹였다. 놀랍게도 짐승은 그것을 받아먹고 점점 자라다가 집 안에 더 이상 먹을 게 없자 밖으로 나와 마을의 온갖 쇠붙이를 먹으며 더욱 커졌다.

불가사리는 점차 위협적으로 성장합니다. 마을의 쇠붙이는 동이 나고 어떤 무기도 불가사리에게 통하지 않습니다. 쇠를 먹는 괴물이니 불로 녹여보자는 전략도 실패하지요. 오히려 불덩이가 된 불가사리는 마을을 쑥대밭으로 만듭니다. 불가살(不可殺), '죽일 수 없다'는 이름에 걸맞은 이 괴물은 어느 신이한 중의 부적으로 퇴치됩니다.

불가사리 설화는 1921년, 『송도 말년 불가살이전』으로 재창작됩니다. 현병주(1880-1938)는 전해 내려오는 이야기에 살을 붙여 불가사리를 새로운 괴물로 만들어냈습니다.

> 처음에 흥국사의 모든 쇠를 먹을 때는 크기가 강아지만 하여 겨우 몸을 움직일 지경이었다. 이때 불가살이가 멀리 나갈 뜻을 두고 비로소 동구 밖에 나섰던 것이다. 이 짐승이 먹는 것은 단지 쇠뿐인데, 쇠를 먹는 대로 그 용량에 따라 몸이 커지고 중량도 같이 무거워졌다. 날개가 없어 날지 못할 뿐, 하루에 천 리든 만 리든 제 마음대로 갈 수가 있었다. 배를 타지 않아도 물을 건널 수 있으니, 바로 물 밑으로 굴러다니는 까닭에 급한 여울이나 흐린 강물, 깊은 호수, 넓은 바다까지도 비바람을 개의치 않고 평지나 다름없이 왔다 갔다 하였다.

소설 속 불가사리는 태조 이성계의 승리를 돕는 조력자입니다. 홍건적의 무기를 삼키고, 육중하고 단단한 몸으로 불을 내뿜으며 이성계에게 유리한 방향으로 전투를 이끌지요. 저자는 불가사리를 주요 캐릭터로 삼았지만, 이야기의 핵심은 이성계의 조선 건국과 그의 영웅성에 두었습니다. 기존 설화를 남다르게 해석하면서 당시로선 특별한 장르물을 창작하고 싶었던 모양입니다.

세상의 모든 철을 집어삼키며 불을 뿜는 괴물, 쉽게 죽일 수도 없는 불가사리에는 어떤 의미가 담겨 있을까요? 연구자들은 이 이야기를 철기 문명과 그로 인해 야기되는 전쟁에 대한 당대 사람들의 반감으로 해석하기도 합니다. 특히 소설『송도 말년 불가살이전』에는 불가살이가 중국의 전쟁터까지 가서 쇠붙이를 모두 먹어 치우는 장면이 있으니 말입니다.

철의 강도와 내구력은 곧 혁신이었습니다. 청동의 원료인 구리와 주석에 비해 철광석은 지천에 널린 수준이었고요. 덕분에 인간은 농사도 쉽게 짓고 수렵과 채집에서도 유리한 고지를 점했습니다. 그러나 결코 이로움만 있는 것은 아니었습니다. 철로 농기를 만들 수 있다면 무기 또한 만들 수 있고, 향상된 군사력만큼 전쟁으로 인한 피해도 월등히 심했죠. 불가사리가 처음 나타난 시대가 고려 말, 내우외환으로 시달리는 뒤숭숭한 시기라는 점을 염두에 두면 작품의 행간에서 전쟁으로 고통받던 백성들의 울부짖음이 들려오는 듯합니다.

문명의 이기가 지닌 양면성은 예나 지금이나 별로 다르지 않다는 생각이 듭니다. 우리는 이제 디지털 기기의 도움으로 무척이나 편하게 생활하지만 그 부작용도 만만치 않죠. 게임에 중독

되어 일상을 무너뜨리기도 하고, SNS에 과몰입하여 끝없이 내 위치를 확인하려 들기도 합니다.

그렇게 흔들릴 때마다 이것이 필요인지 중독인지, 마음속에서 저울질이 시작됩니다. 그럼에도 어느 순간엔 이미 괴물 앞에 철을 던지고 있는 나를 알아차리죠. 균형을 잃지 않고 살아가는 지혜가 그 어느 때보다 필요하다는 생각입니다.

괴수영화 마니아들이 사랑한 불가사리

불가사리는 괴수영화 마니아들에게도 남다른 의미가 있습니다. 1962년, 김명제 감독은 일본의 고질라와 미국의 킹콩에 대적할 만한 한국의 거대 괴물로 불가사리를 택합니다. '하찮은 밥풀에서 태어나 쇠를 먹고 불을 뿜는 괴물'이라는 설정에 매력을 느껴서였을까요? 한국 최초의 괴수영화 타이틀을 단 〈송도 말년의 불가사리〉는 당시의 인기 배우인 최무룡, 엄앵란이 주연을 맡았습니다.

이 영화는 신상옥 감독이 1985년에 리메이크합니다. 불가사리가 민중과 함께 탐관오리를 처단하고 봉건 왕조를 무너뜨린다는 줄거리가 독특한데요. 이 영화는 신상옥 감독이 북한에 납치되어 있을 당시 만들었고 그가 탈출에 성공한 뒤에는 북한의 정건조 감독이 후반 작업을 이어갔습니다. 최근에는 미국에서 1985년판 불가사리(영문 표기는 Pulgazary)를 복각한 피규어가 판매되고 있다는 점도 흥미롭습니다.

3
역겨운 냄새가 나는 괴물들

🔥 사람 아닌 것에서 풍겨오는 악취

'냄새가 난다'는 문장은 좋은 뜻으로는 잘 쓰이지 않습니다. 냄새의 사전적 의미는 "코로 맡을 수 있는 온갖 기운", 혹은 "어떤 사물이나 분위기 따위에서 느껴지는 특이한 성질이나 낌새"이지만 그저 악취·부패 등이 떠오를 뿐입니다. 또는 도덕적으로 옳지 않은 분위기를 풍기기도 하고요. 그래서 긍정적인 느낌이 필요할 때는 '좋은 냄새가 난다', '향기가 난다'는 표현을 쓰곤 합니다.

조선 후기의 임방(1640-1724)이 편찬한 야담집 『천예록』에 냄새를 풍기는 괴물에 관한 이야기가 있어 소개해 보려 합니다. 실체는 알 수 없습니다. 사람인 듯, 귀신인 듯, 또는 안개인 듯하기 때문입니다.

함경도 북쪽 변방 한 고을에 취생(臭生, 냄새나는 생물)이 있어 소동이 벌어졌다고 합니다. 고을에 새 수령이 부임하여 십여 일이 지나면 갑자기 죽어 버리는데, 연달아 대여섯 명의 수령이 그렇게 되었습니다. 모두가 부임을 꺼렸지만, 한 용감한 무관이 수령이 되어 그 괴물을 상대합니다.

부임한 첫날부터 고기 썩은 냄새가 바람을 따라 조금씩 나기 시작하더니 날이 지날수록 점점 심해졌다. 대엿새가 지난 뒤에는 안개 같은 기운이 둥둥 떠서 짙게 깔려 밀려오는데 악취도 따라 실려 왔다. 안개는 날이 갈수록 짙어졌고 악취는 더 이상 견딜 수 없는 지경이었다. …중략… 그는 부임 초부터 옆에 술 항아리를 가져다 놓고 날마다 취기에 의지해 날짜를 보냈다. 10일째 되는 날은 한층 술에 푹 취한 채 앉아 있었다. 밤이 되자 무언가가 다가와 동헌의 대문 안으로 들어왔다. 안개 기운이 뭉쳐서 형체를 이루고 있었는데, 크기는 네댓 아름쯤 되고 길이는 몇 장쯤이었다. 그 몸체와 얼굴과 머리, 손발의 형체는 보이지 않았고 다만 위를 보니 양쪽에 두 개의 눈이 밝게 빛나고 있을 뿐이었다. 수령은 자리를 털고 일어나 뜰로 내려와선 고함을 지르면서 돌진했다. 힘껏 칼로 내리치자 소리가 우레가 치듯 울려 퍼졌다. 그러자 안개 기운은 즉시 흩어져 한 점도 남지 않고 사라졌다. 냄새도 싹 사라져버렸다.

용감한 수령도 마음 한편에는 죽음의 공포가 자리 잡고 있었을 겁니다. 그러니 부임 첫날부터 술 항아리를 끼고 있지요. 언뜻 생각하면 수령이 취해서 헛것을 본 건 아닌가 싶기도 합니다. 그런데 수령이 취생을 칼로 내리치자, 안개같은 기운과 냄새가 일시에 사라졌다고 하니 마냥 헛것이라고 치부할 수는 없어 보입니다. 이 이야기는 괴물에 대해 노골적으로 말하지 않으면서도, 냄새라는 소재로 그 존재감을 또렷이 드러냅니다. 냄새로 괴물의 자취를 느낄 수 있기 때문이죠.

냄새를 풍기는 괴물은 수령 혼자만 겪었던 희한한 경험은 아닌가 봅니다. 『어우야담』에는 이와 유사한 두 편의 이야기가 더 있습니다.

먼저 조선의 성리학자 성수침(1493-1564)의 일화입니다. 해질녘, 그가 한양 백악산 기슭의 청송당에 홀로 서 있을 때 갑자기 무언가가 집 모퉁이로 다가왔습니다. 감색 옷자락은 발뒤꿈치에 닿고, 흐트러진 머리는 땅까지 늘어져 바람결에 헝클어져 있었죠. 산발한 머리카락 사이로 고리처럼 휘둥그런 두 눈이 엿보였습니다. 정체를 알 수 없는 그것은 "너는 누구냐?"고 물어도 대답하지 않았지만, 가까이 다가오자 누린내가 코를 찔렀습니다. 성수침이 "만일 네가 도적이라면 우리 집에는 아무것도 없고, 귀신이라면 사람과 귀신의 길이 다른 법이니 속히 떠나라."고 단호히 말하자 그것은 바람처럼 사라졌습니다.

조선 후기 문신 정백창(1588-1635)은 젊은 시절 산속 절에서 책을 읽으며 지냈습니다. 밤이 깊어지자 홀연히 거대한 물체가 나타나 그의 앞에 엎드리는데 매우 역겨운 냄새가 진동했습니다. 눈이 튀어나오고 코는 오그라들었으며, 입 가장자리가 귀까지 닿아 있는 모습이었습니다. 늘어진 귀에 머리카락은 솟아 있는데, 두 날개가 활짝 펼쳐져 드리운 것 같았고 청홍색의 몸은 일정한 형상이 없어 무엇인지 알기 어려웠다고 합니다. 어찌나 무서웠는지 손톱이 손바닥을 파고들 지경이었죠. 그는 괴물이 사라진 후 술을 큰 그릇으로 들이키고 나서야 정신을 차릴 수 있었습니다.

성수침과 정백창이 만난 괴물은 앞서 소개한 『천예록』의 괴물처럼 냄새만으로 존재하지는 않았습니다. 형체가 있었죠. 그래서 다른 책에서는 이들의 존재를 귀신, 도깨비 등으로 정의하기도 합니다. 다만 여기서는 공통적 특성인 강한 악취에 주목해서 살펴봐도 좋겠다는 생각입니다.

냄새는 보이지 않는다는 점에서 막연한 두려움을 줍니다. 물론 그 근원을 확인할 수 있고 이전에 비슷한 냄새를 맡아본 경험이 있다면 어느 정도 안심하겠으나, 그렇지 않다면 말 그대로 무방비입니다. 이 악취가 섞인 공기에 무엇이 포함되어 있는지 모르니 더욱 불안하기도 하고요. 이 괴물들의 냄새가 꺼림칙한 것도 그 정체를 몰랐기 때문이 아니었을까요?

그간의 괴물은 주로 기괴하고 거대한 형상, 즉 시각적 정보를 토대로 만들어졌습니다. 그런데 냄새 나는 괴물들을 접하고 난 뒤에는 상상의 범위가 한층 확장됩니다. 이제는 오감을 복합적으로 활용해서 빚어낼 새로운 괴물 이야기가 무척 기다려집니다.

4
가면을 쓴 괴물들

🔥 영노의 정체를 밝혀라

할 말은 많지만 하지 않는, 그러니까 '할많하않'을 이번 주에 몇 번이나 겪으셨습니까? 그래봐야 흘러내리는 안경을 가운뎃손가락으로 밀어 올리거나, 손을 주머니에 넣고 주먹을 쥐었다 폈다 하며 이겨내는 정도죠. 하고 싶은 말을 할 수 있고, 부당한 상황에 이의를 제기할 수 있는 현대사회라고 해도 실행에 옮기는 건 여전히 어렵습니다. 하물며 상하 관계의 엄중함을 요구하던 신분제 사회에서는 저항은 고사하고 말 한마디 꺼내는 것조차 힘들었을 겁니다.

저는 이럴 때 '풍자와 해학'이라는 표현이 떠오릅니다. 돌직구는 못 던져도 마냥 참지만은 않고 답답함을 풀어내는 우리 나름의 방식이 있었기 때문입니다. 그중 하나가 바로 탈춤입니다. 탈춤(탈놀이라고도 함)은 민중들이 탈을 쓰고 춤과 노래, 이야기를 나누는 놀이극인데요. 2022년 유네스코 인류무형문화유산으로 등재된 우리의 소중한 문화적 자산입니다.

탈춤은 옴니버스 형태로 구성됩니다. 하나의 서사를 처음부터 끝까지 가져가지 않고, 극을 여러 개의 마당(과장이라고도 함)으로 나누어 다양한 캐릭터가 각각의 이야기를 꾸립니다. 또한 지역 고유의 문화를 반영하여 저마다의 특색을 갖추었습니다.

이 중 경상남도 일대의 야류(野遊)·오광대(伍廣大)[3]에는 영노라는 이름의 괴물이 있습니다. 이 괴물은 '할많하않'의 상황을 어떻게 이겨낼까요?

경남의 여러 지역마다 영노를 표현하는 방식은 조금씩 다르지만 일관된 특징이 있습니다. 영노가 "비비, 비비"하는 독특한 울음소리를 내며 등장하는 것이죠. 그래서 영노를 비비라고도 부릅니다. 학자들은 이로부터 영노의 정체를 새 종류의 괴물로 생각하기도 했지만 확정지을 수는 없습니다. 〈통영오광대〉의 영노과장에서 영노는 이렇게 자기소개를 하기 때문이죠.

영노 : ('비비' 하는 소리를 내며 등장하고 이어 비비양반[4]이 등장한다.)

비비양반 : 아아! 아따 이놈아!

영노 : 아따 이놈아!

비비양반 : 아 저 빌어먹을 자식, 똑 내가 하는 대로 하는구나. 야 이놈아 네가 뭐냐?

영노 : 나야 하늘 영노사(새)다.

비비양반 : 하늘 사는 영노사라.

영노 : 오냐.

비비양반 : 영노사면 하늘에 있지 여기에 뭣하러 내려왔느냐.

영노 : 지하에 내려온 것은 다른 것이 아니고 지하에 사는 양반들의 행사가 나빠서 양반들 잡아 먹으러 내려왔는데, 양반을 아흔아홉 잡아먹고 이제 하나를 잡아먹어 백을 채우면

하늘 끝을 사룡(蛇龍)해 올라간다.

정체를 묻는 비비양반에게 영노는 양반을 하나 더 잡아먹어 백 명을 채우면 사룡해서 올라간다고 합니다. 사룡은 이무기가 탈바꿈한 용을 뜻하는데, 이로부터 영노의 정체를 이무기로 보는 학자들도 많습니다. 그럼에도 영노를 이무기라고 단언할 수 없는 이유가 있습니다. 영노가 등장하는 탈놀이가 여럿인데, 그중 〈고성오광대〉와 〈수영야류〉에서는 영노가 자신을 사룡이라 밝히지는 않기 때문입니다.

영노가 새도 아니고, 이무기도 아니라면 그 정체는 무엇일까요? 특이하게도 지역마다 그 모습이 제각각입니다. 경남 사천시 축동면 가산리에서 전승되는 〈가산오광대〉에서 영노는 털이 무성하고 이빨이 드러난 사자같은 외형입니다. 경남 통영시에서 전승되는 〈통영오광대〉에서의 영노는 긴 주둥이에 비늘 무늬의 헐렁한 천으로 몸을 감싸고 있고요.

경남 고성군에서 볼 수 있는 〈고성오광대〉의 영노는 눈이 위로 치켜 올라가 있으며 이빨이 튀어나와 있는데, 이마에는 뭉뚝한 뿔 두 개가 돋아 있습니다. 부산 남구 수영동 〈수영야류〉의 영노는 검붉은 얼굴에 작은 혹이 여럿 있고 싱글벙글 웃고 있는 모습입니다. 이 영노는 검은색 천을 두르고 등장하기도 합니다.

이렇게 보니 영노의 정체를 한 가지로 정의하기는 어렵겠네요. 새와 이무기, 짐승 모두의 모습과 특징을 조금씩 떼서 모은

〈가산오광대〉 영노
〈통영오광대〉 영노 
〈고성오광대〉 영노
〈수영야류〉 영노

모습이죠. 어쩌면 영노는 틀에 갇히지 않고 표현되는 게 당연하다는 생각입니다. 지역마다 다른 상상력으로 '우리 동네 괴물'을 만든 것일 테니까요.

🔥 난 양반이 제일 맛나더라!

'비비, 비비'하는 울음소리 말고도 영노의 특징이 하나 더 있습니다. 사람이든, 동물이든, 물건이든 닥치는 대로 먹어 치우는 능력입니다.

영노는 먹성을 한껏 과시하며 자신이 그간 아흔아홉의 양반을 먹었고 백을 채우면 하늘로 올라갈 수 있다는 얘기를 꼭 합니다. 양반은 오금이 저릴 겁니다. 눈앞의 괴물이 자신을 바로 집어삼킬 것 같으니까요. 〈동래야류〉의 '영노과장'에서 영노의 끼니가 되지 않으려고 양반이 꼼수를 부리는 장면을 함께 보시죠.

비비양반 : (이상하여 뒤돌아 영노를 보고) 니가 무엇인고?

영노 : 날물(썰물의 방언)에 날 잡아 묵고, 들물(밀물의 방언)에 들 잡아 묵는 영노다. 양반 아흔 아홉 잡아묵고 네 하나 잡아 묵으면 등천한다.

비비양반 : (겁을 내는 표정으로 약간 뒤로 물러서며) 나는 양반이 아니다.

영노 : 그러면 뭐꼬?

비비양반 : 나는 똥이다.

영노 : 똥은 더 잘 묵는다.

비비양반 : 내가 돼지다.

영노 : 돼지는 한 입에 셋씩 묵는다.

비비양반 : 내가 소다.

영노 : 소는 한 입에 둘씩 묵는다.

비비양반 : 내가 풀쐐기다.

영노 : 풀쐐기도 잘 묵는다.

비비양반 : 내가 구리(구렁이)다.

영노 : 구리도 잘 묵는다.

양반은 무시무시한 괴물 앞에서 바짝 얼어붙어 체통도 잊은 채 자신을 똥, 돼지, 소, 풀쐐기라고 칭합니다. 살고 싶은 마음이야 한편으로 이해는 합니다만, 고고함과 자존심을 갖추어야 할 양반이 저러고 있으니 비굴하게 느껴질 따름입니다. 영노는 이런 양반을 한껏 우롱합니다. '비비, 비비'하는 소름 끼치는 소리를 내며 계속 뒤쫓아 다니죠. "제발 그 소리 좀 그만 내달라"는 양반의 애처로운 부르짖음에도 개의치 않습니다.

조선 시대의 양반은 왕 아래 가장 높은 지위를 차지한 계급이었습니다. 농사도 짓지 않고, 장사나 허드렛일에도 손대지 않았죠. 오로지 학문을 닦고 수양하며, 국가와 백성을 위한 도리를 고민하는 존재였습니다. 그러나 특권에 걸맞은 책임은 외면하기 일

쏘였죠. 또한, 그들은 부당한 방식으로 결속하며 스스로의 지위를 더욱 단단히 굳히기도 했습니다.

예나 지금이나 가진 자의 권력, 경제력에 대항하기란 쉬운 일이 아닙니다. 그래서 백성들은 괴물을 불러옵니다. 사회적 괴물인 양반을 물리치기 위해 상상의 괴물을 만들어 내지요. 특권층인 양반을 상대로 재치를 겨뤄 그들을 망신 주고, 유독 양반 먹기를 좋아하는 영노를 통해서 말입니다.

이런 상상이 허락된 건 영노가 등장하는 이 이야기가 바로 탈춤이기 때문입니다. 가면 속에 정체를 숨긴 채 한바탕 춤과 노래로 놀이판을 벌이는 탈춤에서만큼은 못한 이야기를 얼마든지 할 수 있고, 답답한 마음을 신명 나는 춤으로 해소할 수 있습니다. 백성들은 양반탈을 씌워 놓은 사람을 불러서 실컷 놀리고 골탕 먹입니다. 양반들의 위선은 탈춤을 추는 개방된 공간에서 폭로되죠. 겹겹이 쌓인 허세를 걷어내고 나니 작디작아져 괴물 앞에 초라하게 선 양반의 민낯이 보입니다. 그 모습은 힘없고 서러운 사람들에게 통쾌함과 치유의 카타르시스를 안겨줍니다.

🔥 놀이판을 정화하는 하회별신굿의 주지

탈춤 이야기가 나온 김에 괴물 하나를 더 소개해 보려 합니다. 바로 주지라는 괴물인데, 안동의 〈하회별신굿탈놀이〉에 등장하는 캐릭터입니다. 반달 같은 눈웃음이 일품인 이매탈로 유명한 그 탈놀이 말이죠. 탈놀이가 시작되면 온몸을 삼베 또는 붉은 천으로 휘감은 두 연희자가 탈을 머리 위로 치켜들고 달려 나옵니다. 이 괴이한 탈은 가로로 길게 뻗은 얼굴에 꿩 깃털이 여러 가닥 꽂혀 있는 모습입니다. 주지의 형상에 대해서 학자들은 새, 사자, 용이라는 견해를 보이지만 정확하게 알 수는 없습니다. 상상으로 만들어진 모습이니까요.

조선 후기에 편찬된 『고금소총』에는 주지와 관련된 이야기가 있습니다.

어느 산골에 꽤 잘사는 늙은이가 있었다. 집 안팎을 살피다가 일꾼에게 "이렇게 깊은 산골의 컴컴한 밤엔 호랑이와 주지가 크게 두려우니 외양간을 각별히 잘 단속하라"며 경계 삼아 말했는데, 문밖에 있던 호랑이가 이 대화를 엿듣게 되었다. 호랑이는 '주지가 대체 무엇인가?' 하고 잔뜩 겁을 먹고 있다가 소도둑을 보고 주지로 생각하여 부리나케 도망을 쳤다.

이 이야기에서도 주지의 생김새를 알기는 어렵습니다만 인간에게도, 호랑이에게도 무섭고 두려운 존재라는 것만은 짐작할 수 있지요.

주지마당은 〈하회별신굿탈놀이〉의 가장 첫 번째 순서입니다. 주지는 암수 한 쌍이 '탁탁, 탁탁' 하는 소리를 내며 등장하죠. 이

〈하회별신굿탈놀이〉 중 '주지마당', 2021년 촬영.

둘이 격렬하게 추는 춤은 마치 서로 사랑을 나누는 것처럼, 또는 다투는 것처럼 보이기도 합니다. 학자들은 이 모습을 신성한 주지가 인간 세상에 와서 앞으로 벌어질 놀이판을 정화하는 것이라 해석합니다. 탈놀이라면 그저 춤추고 재미있게 놀면 되는 줄 알았는데, 왜 이런 절차가 필요할까요?

탈춤의 기원에 대해서는 여러 학설이 있는데, 그 가운데 하나가 마을의 풍년을 기원하는 굿에서 비롯되었다는 견해입니다. 그해 농사가 잘되고, 마을 사람들이 모두 건강하고 무탈하길 바라는 의식에서 시작되었다고 하죠. 풍년은 인간의 힘으로는 어쩔수 없는 자연현상이니 곧 신의 뜻에 달렸다고 생각했습니다. 정성껏 굿을 하기 전, 그러니까 신성한 대상을 맞이하려면 먼저 상상의 동물인 주지, 혹은 사자 등을 형상화해서 사악하고 불경한 것들을 몰아내야 합니다. 이때 주지 한 쌍이 추는 춤은 풍농과 다산의 상징으로 볼 수 있습니다.

독특한 모습의 주지는 인간을 공포로 몰아넣는 괴물과는 거리가 멉니다. 백성의 소망을 들어주고 풍요를 선사합니다. 그래서 주지는 괴물인 동시에 '영물(靈物)'이기도 합니다. 실제로 탈놀이 연희자들은 민중을 돌보는 신성한 동물이라는 의미를 담아 그 이름 대신 영물이라고도 칭합니다. 괴물은 늘 부정적 속성만을 품고 있진 않았습니다. 우리 전통문화 속에서 그 결은 훨씬 더 넓고 입체적으로 드러납니다.

5
강철에 관한 재밌는 상상

한국의 악한 용, 강철

지난번 비바람이 크게 일었을 때 공중에서 어떤 물체가 떨어져 우물가에 웅크리고 앉아 있었습니다. 소 같은데 소는 아니고 말 같은데 말은 아니며 세상에서 본 적 없는 형체였습니다. 용인가 싶어 사람들이 볼까 봐 풀로 덮어 놓았는데, 하루가 지나자 자욱이 운무로 덮여 홀연 어디에 갔는지 알 수 없었습니다.

— 신돈복(1692-1779), 『학산한언』

김포군에 강철이 있어 늪 속에 숨어 살므로 해마다 가물고 흉년이 들어서 군민들이 쫓아냈는데 그 생김새가 망아지와 같았다. 그것이 홀연히 날아 바다에 들어가자 바닷물이 부글부글 끓었다 하니, 대체로 용이 되려다가 못된 것을 이름하여 강철(强鐵)이라고 한다.

— 이덕무(1741-1793), 『청장관전서』

영천 지방에서 고스톱 화투패를 고민하다 방바닥에 던져 칠 때 "에따 모르겠다 용 아니면 꽝철이지 뭐"하고 흔히들 소리 지릅니다(크게 잘 되거나, 완전히 망해서 피박 덮어쓴다는 뜻). 그리고 가뭄이 계속되면 근처에 꽝철이가 있기 때문이라며, 꽝철이를 다른 곳으로 보내기 위해 동네 사람들이 산에 가서 북과 징을 치던 기억이 납

니다.　　　　- <디지털 청도문화대전>, '꽝철이' 항목에 달린 댓글

　조선 후기 문헌과 구전 여러 군데에서 확인되는 강철이라는 괴물이 있습니다. 이 시기의 유명한 실학자들도 강철에 대한 소문과 견해를 기록해 둘 정도였지요. 지역에 따라 강철이, 꽝철이, 깡철이 등으로 불리기도 하는데 대체로 가뭄, 또는 폭우와 번개를 일으켜 농사를 망치는 모습으로 표현됩니다.
　강철의 외형은 기록에 따라 조금씩 다릅니다. 이수광(1563-1629)은 『지봉유설』에서 "이것은 뱀 꼬리가 달린 소와 닮았다"고 하며 『산해경』의 '비(蜚)5'와 같을 것으로 추측하였고, 김이만(1683-1758)의 『학고집』에서 "강철은 뿔이 난 독룡과 비슷한데 온 몸에 털이 있고 황색 기운을 띤다"고 묘사하였습니다. 옛사람들은 강철을 용의 일종으로 여기되, 우리가 떠올리는 용과는 전혀 다른 생김새로 상상한 듯합니다.
　특히 비·바람·우박과 관련 깊다는 점에서 강철은 용과 닮았지만, 큰 차이점이 하나 있습니다. 제 능력을 인간에게 좋은 방향으로 쓰지 않는다는 점이죠.
　아쉽게도 강철에 관한 기록은 대부분 짧을뿐더러 그 형체에 대해서도 통일되게, 그리고 명확하게 묘사되지 않았습니다. 그래서 강철은 다양한 해석의 여지를 남깁니다. 이런 이유로 우리는 작은 실마리에 살을 덧붙여 더 풍부하게 그를 상상할 수 있죠. 저 역시 이 괴물을 조금은 다른 방향에서 들여다보려 합니다. 제 나름대로

실타래를 풀어본 것일 뿐, 정답은 아니니 여러분도 저마다의 사연을 품고 있는 강철 한 마리씩을 만들어 보면 좋겠습니다.

🔥 탐욕으로 변질된 능력

박지원의 『열하일기』 속 강철 이야기는 관련 문헌 가운데 가장 긴 분량인 만큼 묘사가 상세합니다. 대화가 무르익을 무렵, 청나라 사람 배관이 꺼낸 용 이야기에 좌중의 눈과 귀가 일제히 쏠립니다.

배관 : 용 중에는 어진 것이 있고 독한 것이 있는데, 그 중 화룡이 가장 독하답니다. 건륭 8년 계해년 3월에 산해관 밖 여양 벌판에 용 한 마리가 떨어졌지요. 그러자 구름도 없는데 우레가 치고, 비도 오지 않는데 번갯불이 번쩍이더니 늦봄의 날씨가 별안간 한여름의 더위로 변했답니다. 용이 있는 곳으로부터 백 리 안은 모두 펄펄 끓는 도가니같이 되어서 목이 말라 죽은 사람과 짐승이 헤아릴 수 없이 많았고, 장사치나 나그네도 길거리를 다니지 못했습니다.

… 중략 …

용이 떠날 때 사람들이 서로 다투어 나가 보니, 막 몸을 일으켜서 하늘로 오르려 하는 모습이 처음엔 무척 굼뜨다가 후에 머리를 쳐들고 꼬리를 끄는 모습은 마치 낙타가 일어선 듯 했습니다. 길이는 겨우 서너 척(100-120센티미터)밖에 되지 않더랬죠. 그러다가 입으론 불을 뿜고 꼬리만 땅에 붙이고는 한 번 몸을 꿈틀하는데, 비늘마다 번개가 번쩍 일면서 우레 소리가 나고 공중에서 빗발이 쏟아졌지요. 이윽고 오래된 버드나무 위에 몸을 걸쳤는데 머리에서부터 꼬리까지 여남은 길(약 24-26미터)이나 되었습니다. 소낙비가 강물을 뒤엎을 듯 퍼붓더니 이내 멎었지요. 그제야 하늘을 쳐다보니, 동쪽 구름 사이에서 뿔이 나타나고 서쪽 구름 사이에선 발톱이 드러나는데, 뿔과 발톱 사이가 몇 리나 되더랍니다.

용이 오른 뒤엔 날씨가 청명하여 다시 3월의 기후가 되고, 용이 누웠던 자리에는 몇 길이나 되는 맑은 못이 생겼습니다. 또 못가에 있던 나무와 돌은 모두 타버리고 반쯤만 남았으며, 말과 소들은 털과 뼈가 모두 타서 녹아버렸습니다. 크고 작은 물고기의 시체가 산더미처럼 쌓여 냄새 때문에 가까이 갈 수도 없었지요. 그 해에 관동 일대는 큰 가뭄이 들어서 9월이 되도록 비가 내리지 않았지요. 이런 연유로 나는 이 검은 용이 떨어지면 또 그런 변이 생길까 근심하는 것입니다. (일동 웃음)

연암 : (큰 잔에 술을 부어 한 번에 죽 들이키며) 거참 술맛 돋우는 이야기로군요. 혹시 그 용의 이름을 아십니까? (여기저기서 '응룡應龍' 또

는 '한발투매⁶'이라는 답이 나온다.)

연암 : (고개를 저으며) 아닙니다. 그 이름은 강철(强鐵)입니다. 우리나라 속담에 '강철이 지나간 곳엔 가을도 봄이 된다'는 말이 있지요. 이는 가뭄이 심하게 들어 흉년이 됨을 이르는 것입니다. 그래서 가난한 사람들이 일을 도모하다 잘되지 않으면 '강철의 가을'이라고 한답니다.

배관 : (고개를 끄덕이며) 그 이름 한번 참 기이하구려. 내가 난 해가 바로 그때니 이는 곧 강철의 가을이라. 내가 어찌 가난하지 않을 도리가 있겠습니까. 강-처!

연암 : 아니오, 강.철!

배관 : 강천?

연암 : '천(賤)'이 아니라 도철(饕餮)⁷의 '餮'입니다.

배관이 소개하는 괴물은 마을에 재난을 가져오는 두렵고도 독한 용입니다. 박지원은 이를 조선에서는 강철이라 한다며, '강철이 지나간 곳엔 가을도 봄이 된다'는 속담을 알려줍니다. 박지원의 생각을 따라가면 강철은 용의 한 종류이지만, 인간을 돕는 수호신으로서의 면모는 아닙니다. 오히려 풍년인 가을조차 거둘 것 없이 만드는 독룡이죠.

여기서 박지원은 강철의 이름을 탐하다라는 뜻의 '철(鐵)'로 표기합니다. 다른 문헌과 달리 쇠를 뜻하는 철(鐵)을 쓰지 않은 이유는 강철의 탐욕스러운 성격을 나타내고자 함이 아니었을까 합니다.

생각해 보면 강철은 용 못지않은 능력을 갖추고 있습니다. 폭풍우를 퍼붓다가 가뭄을 불러오고, 집과 동물을 태워 녹이고. 가을이 봄이 되게 하는 건 분명 아무나 갖지 못한 힘이죠. 그러나 우리에겐 결국 해를 주는 괴물로 남고 말았습니다. 이 괴물이 무엇에 탐욕을 부렸는지는 정확히 알 수 없지만, 빼어난 능력일지라도 이를 잘 다스려 세상을 이롭게 하려는 뜻이 없다면 결국 자신에게 독이 되어 돌아온다는 결말을 보여줍니다.

독룡이 숨은 곳은 물이 유난히도 맑구나

이익 선생의 『성호사설』〈만물편〉에 기록된 강철의 해악 또한 흉포합니다. 강철은 사람과 동물에게 상해를 입히는 못된 짓을 서슴지 않습니다.

노윤의 시에,
두루미가 깃든 가에는 소나무가 제일 늙었고(野鶴巢邊松最老)
독룡이 숨은 곳은 물이 유난히도 맑구나(毒龍藏處水偏淸)
라고 하였다. 이 독룡은 속칭 강철이란 것인데, 어떤 이는 이르기를 "강철은 생김새가 소와 흡사한데 바람과 비를 잘 몰고 다니므로 그것이 지나가는 곳에는 온갖 곡식이 해를 입고 남는 것이 없게 되는 까닭에 속담에도 '강철이 지나가는 곳에는 가을철이 봄처럼 된다.'고 하는 말이 있다." 하였으니, 이는 말하자면 가을이 되어도 거두어들일 곡식이 없다는 뜻이다.

얼마 전, 폭풍과 벼락·우박이 서쪽 지방에서 시작되어 강가를 따라 이동하거나 재를 넘어 퍼붓기도 했다. 그러다 경상도 낙동강 연안에 이르러서야 그쳤다. 우박이 지나간 지역은 모두 황무지가 되었지만, 그 너비는 1마장(약 393미터)에 불과했다. 우박의 크기가 주먹만 해서 사람과 가축이 다치거나 죽는 일도 있었고, 강물은 이레 동안 탁하게 흘렀다. 누구도 그 원인을 알지 못했지만, 나는 이것이 독룡의 짓이라 여겼다.

불가(佛家)에서는 이를 욕심에 비유해 이르기를, "모든 물의 독룡으로 하여금 사람을 해치지 말도록 하라." 하였고, 왕유의 시에도,

> 해 질 무렵 인적 없는 연못가에서(薄暮空潭曲)
> 고요히 참선하며 독룡을 다스리노라(安禪制毒龍)

라고 하였다.

이 글에서 독룡, 즉 강철은 불가에서 '욕심'에 비유된다고 했습니다. 세상을 어지럽히고 생명을 해치는 강철의 모든 악행을 곧 욕심이라 일컬었지요. 이를 다스릴 방법은 고요한 참선(安禪)입니다. 내면에 온전히 집중할 수 있는 시공간에서 자신을 수양하며 욕심을 가라앉히는 겁니다.

그러고 보니 맨 앞의 "독룡이 숨은 곳은 물이 유난히도 맑구나 (毒龍藏處水偏淸)"라는 구절에 눈길이 갑니다. 욕심이 숨어 있다면 물이 혼탁할 텐데, 오히려 맑다는 내용이 언뜻 이해되지 않네요. 하지만 한 번 더 생각해 보면 내 안에 숨겨진 탐욕을 끊임없이 성찰하고 다스리는 과정에서 마음은 다시 맑아질 수 있다는 뜻이 보입니다.

그러니 내 안에 번뇌가 가득하다 해서, 비뚜름한 자아가 문득 튀어나와서, 혹은 우울하고 화가 많다고 해서 좌절할 건 아닙니다. 강철은 맑은 내면에 도달하기 위한 매개체일 수 있으니까요. 강철을 마냥 미워하기보단 잘 달래어 보고 진실로 무엇을 원하는지 들어도 보며 맑은 물이 콸콸 쏟아질 수 있는 마중물로 여기면 어떨까요. 독룡이 도사린 곳이 결국 가장 맑은 곳, 가장 편안한 곳이 될 수 있을 겁니다.

통도사에 숨은 강철

큰 건물의 기둥이나 벽을 장식하는 글귀를 주련(柱聯)이라고 합니다. 경상남도 양산시의 통도사 주련 한 자리에도 "독룡이 숨은 곳은 물이 유난히도 맑구나(毒龍藏處水偏淸)"라는 글귀가 쓰여 있죠. 이와 관련하여 전해오는 이야기가 있습니다. 지금의 통도사 자리는 원래 큰 연못이었고, 그곳에는 아홉 마리의 독룡이 살며 백성들에게 해를 끼쳤다고 합니다. 자장율사는 설법으로 이들을 교화해 떠나보냈지만, 눈이 먼 독룡 한 마리는 남았습니다. 그는 더는 해를 끼치지 않고 이 터를 지키겠다고 맹세했지요. 자장율사는 그 연못 위에 통도사를 세우고, 눈먼 독룡이 머물 수 있는 공간만 남겨 이를 '구룡지'라 불렀습니다. 이 못은 아무리 가뭄이 들어도 마르지 않는다고 전해집니다.

  이 이야기는 위험해 보이는 존재가 오히려 가장 순수하거나, 두려운 자리가 뜻밖에 가장 안전한 곳일 수도 있다는 역설을 품고 있습니다. 겉모습에 속지 말라는, 혹은 버림받은 자에게도 자리를 내어줄 수 있다는 뜻으로도 읽힙니다. 여러분은 이 이야기에서 어떤 의미가 마음에 오래 남으셨나요?

칼럼 ❺

〚 **환상성을 바탕으로 한 캐릭터** 〛

◆

1. 신을 섬기는 여성: 무당

무당은 신을 섬기며 굿이라는 의례를 주관하는 사제입니다. 하느님을 섬기며 기독교의 의례를 주관하는 사람이 신부 또는 목사이고, 부처님을 따르며 불교의 교리를 전파하는 사람이 승려인 것처럼 무당 역시 종교인입니다. 무당의 존재는 고대국가부터 확인이 되니, 우리나라에서는 가장 오래된 역사를 가진 종교인일 것입니다.

하지만 무당은 현재 법률상으로는 목사·사제·수도자·승려와 달리 종교관련종사자로 분류되지 않고, 서비스종사자의 하나인 '점술가 및 민속신앙 종사원'으로 분류됩니다. 신을 모시기는 하지만 그의 일이 상업적 서비스의 형태로 운영되기 때문입니다. 무당의 신이한 능력에 관해서는 앞에서 여러 이야기로 짚어봤습니다. 이번에는 시선을 조금 달리해 직업인으로서의 면모를 들여다보려 합니다.

○ 입문 과정

학계에서는 무당이 되는 방법을 크게 두 가지로 봅니다. 먼저 세습무는 대대로 무업을 이어온 집안에서 후손 역시 자연스럽게 무당의 길을 가는 것이고, 다른 하나인 강신무는 어느 날 갑자기 신병(神病)이라는 설명할 수 없는 이상 현상을 겪게 되면서 운명처럼 무당이 되는 것입니다.

세습무는 특히 신분제 사회였던 조선 시대에 견고하게 시행되었습니다. 당시 무당은 천민 계층으로 다른 일을 할 수 없었으니 무당의 집안에서 태어났다면 원치 않아도 그 길을 가야 했을 겁니다. 하지만 오늘날은 그렇지 않습니다. 부모가 무업에 종사하고 있더라도 자식은 얼마든지 다른 직업을 택할 수 있죠.

반면 강신무는 무업과 전혀 관련이 없는 사람이 신내림을 받고 무당이 되는 경우입니다. 신내림을 도와준 무당을 신어머니라 부르며 그에게 무업에 필요한 모든 것을 전수받습니다. 보통 무당의 역할을 배우는 기간은 약 3년이라고 합니다. 신어머니의 집에 들어가 함께 생활하며 점사, 굿의 종류와 순서, 굿상 차리기, 굿을 할 때 연행하는 춤과 노래 등을 익히지요.

물론 세습무인 무당이 신내림을 받을 수도 있고, 신내림을 받은 후 신어머니를 중심으로 세습의 전통을 이어가는 경우도 있습니다. 따라서 세습무와 강신무의 구분이 깔끔하게 딱 떨어진다고 할 수는 없습니다.

○ **무당이 주로 하는 일**

무당은 신을 모시고 의례를 주재하는 사람이고, 그 가운데서도 굿이 가장 중요합니다. 특히 세습무는 오랫동안 마을 사람들 곁에서 그들의 삶을 돌봐왔습니다. 그들이 행하는 마을굿은 마을의 풍요와 평안을 빌고 공동체의 안녕을 다지는 중요한 의례였죠. 이러한 마을굿 중에는 예술성과 전통성을 인정받아 오늘날 무형문화재로 지정된 사례도 많습니다.

한편, 강신무에게는 굿 외에도 중요한 일이 하나 더 있습니다. 바로 신점(神占)입니다. 신의 뜻을 빌려 사람들의 앞날을 점치는 일이지요. 세습무는 신내림을 받지 않기 때문에 신점을 보지 않습니다. 하지만 강신무라 하더라도 신과의 소통이 분명하지 않으면 점괘는 무의미해집니다. 그래서 강신무는 늘 기도를 게을리하지 않습니다. 자신의 영험함을 유지하고, 모시는 신의 뜻을 정확히 듣기 위해서입니다.

○ 무당의 벌이는 얼마나 되나?

전근대까지만 해도 무당은 굿을 하고 따로 돈을 받지 않았습니다. 마을 사람들이 십시일반 모아서 건넨 떡·쌀·참기름·과일·고기 같은 현물을 받았지요. 그러나 요즘에는 이렇게 해서는 굿을 진행하기 어렵습니다. 굿상에 올리는 음식은 마트에서 사서 준비하고, 일부 음식은 외주를 맡기니까요. 예전에는 굿을 하는 집단들이 가까이 살아 서로 품앗이를 했지만, 요즘은 타지에서 동료를 부르는 일이 많습니다. 그러려면 인건비는 물론 교통비도 챙겨줘야겠지요.

굿을 한 번 할 때의 비용은 적게는 몇백, 사례에 따라서는 몇억에 이르기까지 천차만별입니다. 굿의 비용과 규모는 무당과 의뢰인이 조율하여 합의점을 찾아나가면 되는데, 그렇지 못해서 간혹 세상을 떠들썩하게 할 때가 있지요. 하지만 이건 개인의 문제일 뿐 종교 자체의 문제는 아닙니다.

점을 보는 무당도 과거에는 현물로 대가를 받았습니다. 그런데 오늘날에는 현금을 받고 이 비용 또한 천차만별입니다. 적게는 몇만 원이지만 이른바 '용하다'는 무당은 돈을 아무리 많이 들고 가도 쉽게 만나기 어렵다고들 합니다.

○ 무당에게 특별히 필요한 자질

　무당은 신을 믿으며 사람들에게 복을 빌어주고자 하는 사제이지요. 이들은 사람을 귀하게 여기고, 마음이 아프거나 삶에 어려움을 겪는 이에게 공감합니다. 그래야 그들을 진정으로 위로하며 평안을 기원할 수 있을 테니까요. 무당을 지칭하는 여러 단어 중에는 전라도 지역의 당골, 단골, 단골네가 있습니다. 우리가 늘 정해놓고 거래를 하는 사람, 혹은 장소를 뜻하는 그 단골입니다. 무당과 꾸준히 신뢰를 쌓아온 상대방간의 관계에서 비롯된 표현이죠. 그만큼 무당은 내담자와의 관계를 돈독히 하고 그들을 진심으로 위해야 하는 사람입니다.

　또한, 무당은 노래와 춤에 능숙해야 합니다. 노래와 춤은 신을 맞이하고, 신을 즐겁게 해주는 굿판의 필수 요소이기 때문입니다. '무(巫)'라는 한자어는 무당이 춤출 때의 소매 모양을 본뜬 것이라 설명하기도 하고(『설문해자』), 전문가, 장인을 뜻하는 공(工)자의 양측에 두 사람이 춤을 추는 형상을 취한 것이라 해석하기도 합니다(『주자어류』). 모두 춤이 무당에게 필요한 자질임을 말하고 있지요.

2. 신을 섬기는 남성: 박수, 법사, 판수

　무속에서 신을 섬기는 사람이라 하면 대개 여성일 것이라 짐작합니다. 하지만 남성도 무속의 사제가 될 수 있습니다. 그래서 여성 사제를 '무당'으로, 남성 사제를 '박수'라 지칭했습니다. 이 둘을 아울러 일컬을 때는 '무격(巫覡)'이라는 단어를 썼지요.

　박수는 무당과 비슷하게 가업을 잇거나 신내림을 받는 과정을 거쳐 무업에 몸을 담습니다. 다만 박수는 춤을 추며 노래를 부르기도 하고, 앉아서 경을 읊는 방식으로도 굿을 합니다.

요즘은 남성 사제를 가리킬 때 박수보다는 '법사(法師)'라는 단어를 많이 씁니다. 원래 법사는 불교에 정진하는 승려를 뜻하는 말이었는데 그 쓰임이 넓어진 것이죠. 특히 경을 읊는 남성 사제를 부를 때 많이 사용하곤 합니다. 뛰면서 춤추고 노래하는 무당과, 앉아서 경을 통해 신을 섬기는 무당을 구분하기 위함이 아니었을까 합니다.

여담입니다만, 석사과정 때 무속 조사차 충청남도 계룡산에 법사를 만나러 간 적이 있습니다. 그분은 저에게 『옥추경』을 보여주며 "이 경전을 익히고 외우는 것이 가장 중요하다"고 말했습니다.

제가 한자로 쓰인 『옥추경』의 글자를 띄엄띄엄 읽으니 법사는 매우 놀라며 저더러 제자가 될 생각은 없는지 물었습니다. "그저 아는 한자가 좀 있어 읽었을 뿐이고, 무엇보다 영적 능력이 전혀 없다"고 하니 그런 건 중요치 않다며 경전을 읽을 수 있다면 법사 되기는 오히려 더 쉬울 거라고 했지요. 그분은 당황하는 저를 보며 "법사가 되면 교수보다 돈도 잘 벌고, 사람들에게 더 큰 도움을 줄 수 있다"고 설득하였습니다. 잠시 솔깃했지만, 웃고 넘어갔던 일이 생각납니다.

법사는 수련과 학습으로 될 수 있고, 경을 읽어줌으로써 사람들에게 복을 빌어주고 화를 예방하는 역할을 합니다. 신내림을 받은 경우라면 신점도 치고요. 특히 법사가 화를 예방하는 굿을 할 때는 경을 읽어 잡귀·잡신을 쫓아내거나 약화시키는 퇴마의식을 진행합니다. 이후 악귀를 완전히 제거하기 위해 호리병이나 상자에 가두는 봉인 의식을 덧붙이기도 하고요. 무당이 춤과 노래, 그리고 잘 차린 음식으로 잡귀·잡신마저 즐겁게 해주며 달래는 것과는 다르죠.

그렇다면 판수(判數)는 누구일까요? 판수는 경을 읽는 무격 가운데 남성 시각 장애인을 일컫는 말입니다. 여성 판수의 경우는 여복(女卜)이라는 표현을 따로 썼다고 하죠. 판수는 '수를 점친다, 판가름한다'는 뜻으로, 과거에는 주로 시각 장애인들이 이러한 일을 했습니다. 하지만 오늘날에는 판수라는 말을 잘 쓰지 않습니다. 판수가 모두 시각 장애인이다 보니 간혹 이들을 낮잡아 볼 때 이 단어를 사용했던 것이죠.

신통한 점복 능력을 가졌던 판수 이야기 두 편을 소개합니다. 『어우야담』과 『학산한언』에 각각 수록되어 있습니다.

한 사람이 박이 싹 튼 날의 사주를 김효명에게 가지고 갔다. 김효명은 "이 박은 열매를 맺기 전, 몇 월 며칠에 죽는다."라고 점괘를 말했다. 그 사람은 가볍게 듣고 점괘를 상자에 넣어두었다. 그해 여름, 비가 내리던 날이었다. 지붕에서 물이 새자 아이가 올라가 손보다가 실수로 떨어트린 기왓장이 박넝쿨을 찍어 줄기가 부러지고 말았다. 깜짝 놀라 상자에 넣어둔 점괘를 꺼내 보니, 과연 김효명이 예언한 바로 그날이었다.

어느 선비가 과거를 보러 떠나기 전, 조양래에게 점을 청했다. 조양래는 "당신은 호랑이에게 물릴 운명이지만, 과거에는 급제할 것"이라 말했다. 그 말을 들은 선비는 길을 나서기를 망설였으나, 조양래는 과거에 응시하라며 그를 격려했다.

산을 넘던 선비 앞에 도적 한 명이 나타났다. 그는 "강도짓을 하려는 게 아니라, 원수를 갚으러 왔다"고 외쳤다. 선비가 "나는 누구에게도 원한 살 일이 없다. 다만 어릴 적, 실수로 매질하다 여종이 죽게 된 일이 있다"고 말하자, 도적은 자신이 그 여종의 아들이라고 정체를 밝혔다. 선비는 고개를 떨구며

"죽어도 할 말이 없다"고 뉘우쳤고, 도적은 그 모습에 마음이 흔들렸다. 그는 "죄를 인정하는 사람을 해칠 수 없다"며 칼을 거두었고, 오히려 주인을 죽이려 했던 죄를 뉘우치며 칼로 스스로를 찔렀다. 숨이 끊어지기 전, 도적은 자신의 이름이 '호랑(虎郞)'이라고 밝혔다. 선비는 그를 좋은 곳에 묻어준 뒤 상경해 과거에 급제했다. 조양래의 점괘가 모두 들어맞은 것이다.

헤쳐 나가기 힘든 고비가 있으면 점을 보는 일은 과거에도 많았던 듯합니다. 조선왕조실록에도 태종, 세종, 세조가 판수에게 점을 보거나 관심을 보였던 기록이 있으니 말입니다. 김효명은 중종실록과 명종실록에도 그 이름을 남겼고, 재상들조차 판수에게는 '너'라고 하대하지 않았다고 합니다. 그들의 신통력을 인정해서였겠죠.

미래를 알고 싶어하는 인간의 마음은 예나 지금이나 변함이 없습니다. 그러니 고도의 기술 발전에도, 점으로 앞날을 예언하는 직업은 '곧 사라질 직업 순위'에 쉽게 오르지 않을 것 같습니다.

3. 도사와 선인

○ 역사 속 도사

도사는 도교의 교리를 따르며 수행하는 사람입니다. 이들은 속세를 떠나 자연과 살아가며 불로장생하는 신선의 길을 추구하죠. 하지만 간혹 신선이 되는 데 실패하거나, 도를 닦는 중 인간 세상에 나타나 자신의 능력을 발휘하기도 합니다. 우리의 역사에는 신이한 도술로 사람들을 놀라게 한 이들이 여럿 있었습니다.

북창 정염(1505-1549): 원래 총명하여 모든 책을 한 번만 봐도 다 외울 정도였으며, 천문·지리와 의학, 점술, 음악, 기예에 막힘이 없었고 유불도를 모두 꿰뚫었으며 갖은 술법에 능했다.

한번은 그가 고모 댁에 방문했다. 고모는 얼마 전 종 하나를 멀리 심부름 보냈는데 영 돌아오지를 않는다고 했다. 화를 당한 건 아닐지 걱정이라는 고모의 말에 북창은 종이 지금 어디에 있는지 한번 보겠다고 했다. 그는 앉은 자세로 영남 쪽을 응시하더니, "종은 이제 막 조령을 넘었습니다. 그런데 이놈이 한 양반에게 흠씬 맞았군요. 하지만 그건 스스로 불러온 재앙이라 불쌍히 여길 필요가 없어요."라고 말했다. 사정을 궁금해하는 고모의 물음에, "양반이 길가에서 점심을 먹으려는데, 이놈이 타고 있던 말에서 내리지도 않고 그 앞을 지나갔네요. 이 양반이 화가 치밀어서 말에서 끌어내려서는 신발로 뺨을 네다섯 대 때렸어요."

고모는 북창이 장난으로 한 말이라 여기면서도 그의 진지한 태도를 의아해했다. 고모는 북창이 말한 날짜와 시간을 적어두었다. 이후 종이 집에 도착했고, 고모는 그가 언제 조령을 넘었는지 물어서 적어둔 것과 맞춰 보니 조금도 차이가 없었다. 양반에게 혼난 일이 있었느냐고 물었더니, 종은 놀라워하며 곡절을 낱낱이 말했다. 그 얘기가 북창이 말한 내용과 꼭 들어맞았다.

위 글은 『천예록』에 수록된 정염의 이야기입니다. 그는 조선 시대 사람들에게 진인(眞人)으로 불렸다고 합니다. 진인은 도교에서 가장 높은 경지에 도달한 사람으로, 세속의 욕망과 애착을 완전히 끊어 자유를 얻은 신격화된 인간을 의미합니다. 정염의 기이한 행적은 『어우야담』, 『천예록』, 『청구야담』 등에 두루 실려있고, 정염의 저서 『용호비결』은 오늘날에도 단전호흡과 도학을 공부하는 사람들에게 중요한 지침을 제공합니다.

조선 시대의 대표적인 도사가 또 있습니다. 바로 교과서에도 실린 전우치입니다. 전우치는 『조선왕조실록』과 같은 정사(正史)에는 기록되지 않았지만 개인 문집과 야담집, 설화에는 자주 등장합니다. 여기서는 『어우야담』에 실린 이야기를 다뤄보겠습니다.

전우치(?-?) : 조선 중종 때의 인물이다. 서울에서 관직을 지내다 사직하고 송도에 은거했다. 신광한(1484-1555)이 그에게 도술을 보여달라고 청하자, 씹고 있던 밥알을 뿜어 흰나비로 변하게 한 후 날아가게 한 일화가 있다.

한번은 술자리에서 친구들이 전우치에게 하늘의 복숭아를 구할 수 있냐고 묻자, 전우치는 밧줄을 허공으로 던진 후 동자 하나를 불러 밧줄이 끝나는 곳에 복숭아가 있을 것이니 따오라고 하였다. 동자는 밧줄을 타고 하늘을 향해 조금씩 올라갔다.

얼마쯤 지나자 복숭아 잎과 열매가 마당에 어지럽게 떨어졌다. 조금 더 지나자 공중에서 붉은 피가 뚝뚝 떨어졌다. 전우치는 "복숭아 하나 먹으려다가 동자가 목숨을 잃게 되었구나."라며 탄식했다. 그 뜻을 묻는 친구들에게 전우치는 "복숭아를 지키는 자가 동자를 죽였다네"하고 답했다.

조금 있으니 팔뚝 하나가 땅에 떨어지고, 곧이어 다른 쪽 팔뚝도 바닥에 굴렀다. 두 다리와 몸통, 머리도 잇달아 떨어졌다. 전우치는 그 사지를 수습해서 맞춰놓았다. 잠시 후, 동자가 몸을 일으키더니 비틀비틀 걷다가 뛰어서 도망쳤다.

전우치는 특히 변신술에 능했습니다. 벌레나 새로 변신하여 남의 집에 들어가 남편인 척하고 유부녀를 간음하거나, 재상의 잔칫집에서 가축의 배설물을 산해진미로 둔갑시켜 사람들을 우롱하기도 했죠. 그의 도술은 사람을 돕기보다 제 욕망을 채우거나 타인을 골탕 먹이는 데 주로 쓰였습니다.

역시 정사(正史)에는 없지만, 야담집에 실린 곽사한이라는 인물도 소개해 볼까 합니다. 의병장 곽재우(1552-1617)의 후손으로 알려진 곽사한은 한 이인에게 비술(祕術)을 전수받아 천문, 지리, 음양 등의 여러 분야에 통달하였습니다. 그의 신이한 이야기는 『계서야담』에 실려있습니다.

곽사한(?-?) : 곽사한은 부모의 산소에 외부인이 침입하는 것을 막기 위해 나무를 꽂아 표시하고, 이 안으로 들어오면 반드시 화를 입을 것이라 경고했다. 어느 날 한 젊은이가 이를 무시하고 일부러 그 표시 안으로 들어갔다. 그러자 하늘과 땅이 돌면서 바람이 몰아치고 천둥이 울리는데 어디선가 칼과 창이 빈틈없이 나타나 빠져나갈 수가 없었다. 젊은이는 넋이 나가고 정신이 아득하여 그저 납작 엎드려 떨고만 있는데, 그의 어머니가 아들을 찾아 나섰다가 이 꼴을 발견하고 곽사한에게 제발 도와달라고 빌었다. 곽사한은 직접 가서 젊은이를 꺼내주며 크게 나무랐다.

하루는 곽사한이 방을 깨끗이 청소하고 부인에게 "내가 여기서 사나흘 지낼 것인데 아무리 중요한 일이 생겨도 절대 문을 열지 말고, 몰래 엿보지도 마시오. 때가 되면 스스로 나오겠소."라고 말했다.

하지만 며칠이 지나도 기척이 없자 이상하게 여긴 부인이 문틈을 들여다보니, 방은 큰 강이 되어 있고 그 위에는 단청을 두른 누각 한 채가 있었다. 누각에는 학창의(학의 깃털로 만든 옷)를 입고 거문고를 타는 대여섯 명의 도사와 곽사한이 함께 앉아 있었다. 그 옆에는 선녀들이 악기를 연주하며 춤을 추기도 했다. 아내는 너무 놀라 말을 잇지 못했다.

곽사한은 공간을 변화시키거나 현실을 왜곡하는 능력이 있었던 듯합니다. 한번은 곽사한의 친구가 그에게 귀신을 한 번 만나게 해달라고 졸랐습니다. 너의 담력으로는 감당할 수 없을 거라는 곽사한의 거절에도 친구는 거듭 간청합니다. 곽사한은 마지못해 친구에게 내 허리를 잡고 눈을 감은 채 따라오라고 하죠. "이제 눈을 떠도 좋다"는 곽사한의 말이 끝나자 친구는 높은 봉우리 위에 도착해 있었습니다. 이내 하늘에서 무시무시한 장군과 병사들이 갑옷을 입고 내려와 친구를 거세게 위협했고, 그는 혼절하고 맙니다. 곽사한은 "왜 기백도 없으면서 그런 부탁을 하는가?"라며 탄식했죠. 친구는 가슴이 뛰는 증상이 진정되지 않아 얼마 후 죽었다고 합니다.

O **도사의 수련법**

옛이야기에는 도사가 되기 위한 수련법, 더 나아가 신선이 되기 위한 방법까지 등장합니다. 그중에는 아주 기이하고 독특한 방식들도 있지요. 먼저 『어우야담』에 실린 〈망기술을 얻은 이야기〉입니다.

망기술(望氣術): 사물을 꿰뚫어 보거나 조짐을 예측하는 능력.
다섯 겹의 벽으로 둘러싸인 방을 만든다. 가장 안쪽의 제1겹은 사방을 막되 남쪽에만 문을 내고, 그 바깥의 제2겹은 사방을 막되 북쪽에만 문을 내며, 제3겹은 사방을 막되 동쪽에만 문을 내고, 제4겹은 사방을 막되 서쪽에만 문을 내며, 제5겹은 사방을 막고 위쪽만 구멍을 낸다. 위쪽의 구멍을 통해 들어가 가장 안쪽 방에 도달하면 공기는 통하나 빛은 전혀 들지 않는다. 여기서 50일간 잠들지 않고 견디면 암흑에서도 실낱을 구분할 수 있을 정도로 사물을 훤히 볼 수 있다. 이후 바깥에 나가면 100리 밖의 일도 볼 수 있고, 사람의 길흉을 모두 꿰뚫어 알 수 있게 된다.

중국 연경의 동악묘(도교 사당)에 가면 많은 도사들이 있다. 이 중 한 도사가 네 벽을 모두 막은 토굴 안에서 퉁소를 불었는데, 다른 이는 들어가려 해도 갈 수 없다. 그는 "식량이 들어오는 구멍과 빛이 드는 작은 창문만 있는, 사방이 막힌 토굴에서 3년간 있다가 나와서 도사가 되면 높은 벼슬에 오를 수 있다"고 하였다. 하지만 이 망기법은 제대로 배워서 다룰 수 있다면 다행이지만 그렇지 못하면 미쳐버리고 만다.

『어우야담』에는 조선 중종 때의 도사 한무외(1517-1619)가 말한 '신선이 되는 법'도 기록되어 있습니다.

"신선이 되려면 음모와 흉계를 꾸미지 않으며, 죄 없는 이를 형벌로써 죽이지 않으며, 사람을 속이거나 업신여기지 않으며, 재산을 쌓아두지 않으며, 가난한 이를 보면 재물을 아끼지 않고 도와주며, 항상 맑고 깨끗하며 여인을 탐하지 않고 기호품을 가까이하지 않아야 한다네."

옛이야기와 문헌 속 도사가 되는 수련법은 공통적으로 세상의 부귀공명에 욕심을 내지 않고, 남을 해쳐서는 안 된다고 합니다. 오히려 연민과 나눔의 마음이 많아야 하죠. 또한 무엇에도 흔들리지 않는 정신이 중요합니다.

『청구야담』에는 신선이 되려다 실패한 사람의 이야기가 있습니다. 도사는 한 서생을 제자로 삼아 신선으로 키우려고 하는데, 마치 오늘날의 가상현실에 집어넣는 것처럼 그를 둘러싼 세계를 험악하게 만들어 훈련시킵니다. 세상만사에 초연하게 하기 위함이죠.

수련 1단계: 부에 대한 초연함 - 도사는 망해버린 서생에게 엄청난 돈을 쥐어준다. 서생은 이를 이웃에게 다 나눠주며 가난뱅이가 된다. 도사는 다시 한번 그에게 나타나 부를 안겨주지만, 서생은 거듭 가난한 자들에게 재산을 나눠주어 다시 망하고 만다.

수련 2단계: 두려움 이겨내기 - 도사는 서생을 어딘가의 섬돌 위에 앉히며 절대 동요해선 안 된다고 일러준다. 갑자기 서생의 눈앞에 바람이 일며 호랑이가 포효하고 독사와 구렁이가 꿈틀대며 입을 벌렸다. 그러나 서생은 털끝만큼도 움직이지 않았다.

수련 3단계: 육체의 고통 참기 - 하늘의 문이 열리며 귀졸(鬼卒)들이 내려왔다. 온갖 병기로 서생을 찌르며 육체적 고통을 주었으나, 그는 신음조차 내지 않았다.

수련 4단계: 인간사의 괴로움 참기 - 귀졸들은 서생을 옥황상제에게 데려갔다. 옥황상제는 서생을 가난한 집안의 벙어리 여인으로 환생하게 했다. 서생은 온갖 병에 시달리며 자랐고, 가난한 선비와 혼인하여 모진 구박을 받으며 살았다. 그래도 고통스러운 내색을 하지 않았다.

수련 5단계: 마음의 고통 참기 - 벙어리 여인으로 환생한 서생은 아이를 낳아 기르면서도 말하거나 웃는 일이 없었다. 남편은 뭐 이런 여자가 있냐며 그녀를 밀치고 아이마저 바닥에 내리치려 하였다. 그러자 서생은 저도 모르게 "아!"라는 외마디 비명을 지르고 말았다. 갑자기 주변에서 들끓는 소리가 크게 일어났고, 서생이 정신을 차리니 그는 다시 섬돌 위에 앉아 있었다.

결국 서생은 수련을 통과하지 못했습니다. 도사는 그가 자식을 사랑하는 마음 탓에 평정심을 유지하지 못했음을 안타까워하며 구름을 타고 떠나버립니다. 하지만 서생은 이후 벽곡법(辟穀法, 곡식을 끊고 솔잎, 대추, 밤 등을 날것으로 먹는 섭생법)을 배우고 이름난 산천을 두루 유람했다고 합니다. 비록 신선은 되지 못했지만, 혹독한 수련을 통해 큰 깨우침을 얻었으니 보통 사람들과는 결이 다른 삶을 살았을 듯합니다.

허균(1569-1618)의 소설 『남궁선생전』에도 신선이 되려는 사람이 있습니다. 재미있는 점은 주인공 남궁두의 수련이 아주 상세하고도 체계적이라는 것입니다. 이 글을 쓴 허균은 평소 도교의 양생법(생활 습관과 음식으로 건강해지는 방법)과 신선에 관심이 많았다고 합니다. 다음은 『남궁선생전』에서 다뤄진 이른바 '도사가 되는 길'입니다.

수련 1단계: 잠을 줄이는 과정 – 남궁두는 무주 치상산(적상산)에서 선사를 만나 간절히 가르침을 구했다. 선사는 우선 잠을 자지 말라고 하였다. 첫날 밤에는 새벽 2시가 되자 눈이 저절로 감겼으나 참고 새벽까지 버텼다. 둘째 날은 몽롱하여 정신을 차릴 수 없었지만 애써 참아냈다. 셋째 날과 넷째 날 밤에는 피곤한 탓에 꼿꼿이 앉아 있지 못하고 머리를 벽에 부딪히기도 했지만 고비를 넘겼다. 그러다가 일곱째 날 밤이 되자 홀가분해지며 머릿속이 상쾌해졌다.

수련 2단계: 음식을 끊는 과정(벽곡) – 선사는 남궁두에게 하루에 두 끼만 먹게 했다. 7일이 지나자 두 끼 중 한 끼는 밥을, 한 끼는 죽으로 바꿨다. 또 7일이 지나자 한 끼 죽을 없앴고, 다시 7일이 지나자 남은 밥 한 끼를 죽으로 바꿨다. 이렇게 28일이 흐른 뒤, 선사는 밥과 죽을 모두 못 먹게 하더니 옻칠을 한 찬합 두 개를 꺼냈다. 한쪽에는 검은콩 가루, 다른 한쪽에는 황정(원기를 더하는 약재)이 들어 있었다. 선사는 이것을 한 숟가락씩 물에 풀어 하루에 두 번 남궁두에게 먹였다. 남궁두는 원래 뱃구레가 커서 허기를 참기가 힘들었다. 몸이 야위어 가며 피곤했고, 눈은 침침해져 사물을 분간할 수 없었지만 참고 또 참았다. 21일째 되던 날이었다. 문득 배가 부른 느낌이 들며 먹고 싶은 생각이 사라졌다. 선사는 즉시 잣나무 잎과 참깨를 먹게 했다. 그러자 며칠 동안 온몸에 부스럼이 돋더니 견딜 수 없이 아팠다. 다시 백 일이 지나자 딱지가 떨어지며 새살이 돋아 마침내 평소의 모습으로 돌아왔다.

…후략…

이후 남궁두는 비법서를 읽으며 세상의 이치를 깨우치고, 그의 신체 또한 신선에 걸맞게 변화됩니다. 이렇게 6년의 세월 동안 착실하게 신선의 길을 간 남궁두. 그는 신선이 되었을까요?

아쉽게도 마지막 고비를 넘지 못했습니다. 도를 깨닫기 직전, 마음 한편에서 조급함이 피어오르고 말았거든요. '하루라도 빨리 끝내고 싶다'는 생각에 오래 쌓아온 평정심이 무너졌죠. 한번 불붙은 욕망은 머리끝까지 차올라 억누를 수 없었습니다. 그가 참선을 하던 중 고함을 지르며 뛰어나가자 선사는 지팡이로 그의 머리를 세게 후려쳐 진정시켰습니다. 결국 신선을 향한 남궁두의 도전은 실패로 끝났죠. 선사는 이를 안타깝게 여기며, 비록 하늘에 오르는 신선이 되지 못했지만 조금만 더 수양하면 팔백 살까지 사는 지선(地仙)은 될 수 있을 것이라 하였습니다. 그렇게 속세로 돌아온 남궁두는 도를 전파하며 90세까지 늙지 않은 모습으로 살았다고 합니다.

도사들의 이야기는 인간도 수양을 통해 영생불멸의 초월적 능력을 얻을 수 있다는 기대를 품게 만듭니다. 이런 상상과 도교적 세계관은 사화가 끊이지 않던 16세기에 유행했습니다. 정쟁으로 뜻을 펼 수 없었던 학자 중 일부는 현실 정치에 나아가지 않고 자연에 은둔하며 현실 너머의 세계를 추구한 것이죠.

꼭 험한 현실을 피하기 위해서가 아니라도 자신을 가다듬고 절제하는 행위는 오늘날에도 가치 있습니다. 특히 요즘처럼 자극과 욕망이 넘쳐나는 시대라면 더욱 그렇죠. 도사의 으뜸가는 덕목은 무엇에도 흔들리지 않는 평온한 마음이라 하니, 그들은 세상일에 일희일비하지 않았을 겁니다. 이런 자세, 솔직히 좀 부럽습니다.

욕망을 절제하고 마음을 잘 다스린다면—혹시 모르죠. 우리도 어느 날 공중에 둥실 떠오르고, 만 리 밖 소식도 척척 알아맞히고, 공간마저 마음대로 바꿔버릴 수 있을지도요.

【 참고문헌 】

단행본

권문해 저, 남명학연구소, 경상한문학회연구회 역주,『대동운부군옥』, 민속원, 2007.
박용식 역주,『한국고전문학전집 16: 금방울전·김원전·남윤전·당태종전·이화전·최랑전』, 고려대학교 민족문화연구원, 1995.
박지원 저, 고미숙 외 2인 옮김,『세계 최고의 여행기 열하일기 上』, 북드라망, 2013.
박지원 저, 김혈조 옮김,『열하일기』, 돌베개, 2009.
박희병, 정길수 편역,「남궁선생전」,『낯선 세계로의 여행』, 돌베개, 2007.
신돈복 저, 정솔미 편역,『이상한 것 낯선 것 - 학산한언 선집』, 돌베개, 2019.
신병주, 노대환,『고전소설 속 역사여행』, 돌베개, 2005.
유몽인 저, 신익철 외 3인 역,『어우야담』, 돌베개, 2017.
이강옥 옮김,『청구야담-하』, 문학동네, 2019.
이덕무 저, 민족문화추진회 편,『국역 청장관전서』, 솔, 1997.
이혜화,『용에 관한 모든 것』, 북바이북, 2012.
이희준 편찬, 유화수, 이은숙 공역,『계서야담』, 국학자료원, 2003.
임방 저, 정환국 역,『교감 역주 천예록』, 성균관대학교출판부, 2005.
임치균, 배영환 옮김,『태원지』, 한국학중앙연구원출판부, 2010.
전경욱,『한국 전통연희사』, 학고재, 2020.
조재삼 저, 강민구 옮김,『교감국역 송남잡지』, 소명출판, 2008.
현병주,『불가살이전』, 광동서국, 1922.
현병주,『불가살이전』, 지식을만드는지식, 2017.

연구논문

감병곤, 「남해안 지역의 탈놀음에 관한 비교 연구 - 가산 오광대, 고성 오광대, 통영 오광대를 중심으로」, 서강대학교 석사학위논문, 2019.
강경화, 「고전소설의 도술소재와 그 의미」, 건국대학교 박사학위논문, 1995.
곽재식, 「불가살이 콘텐츠 속 괴물의 형상과 맥 설화와의 관계 연구」, 『인문콘텐츠』 69, 인문콘텐츠학회, 2023.
김국희, 「야류·오광대 '영노'의 정체에 대한 시론」, 『한국민족문화』 71, 부산대학교 한국민족문화연구소, 2019.
김기형, 「탈춤 "영노(비비) 과장"에 나타난 갈등의 양상과 그 의미」, 『우리어문연구』 5, 우리어문학회, 1991.
김인희, 「하회 별신굿 탈놀이 주지 마당의 특성과 변용 형태에 관한 연구」, 『무용역사기록학』 5, 무용역사기록학회, 2003.
김정숙, 「조선 필기·야담집 속 지식인의 거인에 대한 상상과 그 원천」, 『고전과해석』 16, 고전문학한문학연구학회, 2014.
문혜진, 「근대 위생담론과 판수의 치병의례」, 『역사와 세계』 61, 효원사학회, 2022.
손정희, 「"불가살이" 이야기에 나타난 고려 멸망의 상징성 연구」, 『인문과학논총』 8, 경성대학교 인문과학연구소, 2003.
손찬식, 「북창 정렴 전승 연구」, 『국어교육』 63, 한국국어교육학회, 1988.
엄소연, 「괴수 '불가사리'의 이미지 변주와 미디어 횡단성」, 『기호학 연구』 60, 한국기호학회, 2019.
오문선, 「서울지역의 판수와 기산 풍속도」, 『충북사학』 22, 충북대학교사학회, 2009.
정승욱, 「야류·오광대의 '영노' 연구」, 부산대학교 박사학위논문, 2016.
조재현, 「고전서사에 나타나는 '불가살이' 연구」, 『어문연구』 38(1), 한국어문교육연구회, 2010.
천혜숙, 「운문사 주변 '이무기' 전승의 실제와 지역사적 맥락」, 『실천민속학연구』 29, 실천민속학회, 2017.

최락용,「한국 전통 인형극에 등장하는 이물 연구 : 영물과 괴물을 중심으로」,『한국극예술연구』50, 한국극예술학회, 2015.

최수빈,「도교에서 바라보는 저세상 : 신선과 사자들의 세계에 반영된 도교적 세계관과 구원」,『도교문화연구』41, 한국도교문화학회, 2014.

최운식,「신선 설화의 전승 양상과 한국인의 의식」,『한국민속학』44, 한국민속학회, 2006.

기타

『성호사설』, 한국고전종합 DB(https://db.itkc.or.kr/)
『한국구비문학대계』, 한국학통합플랫폼(https://kdp.aks.ac.kr/gubi)
「꽝철이」, 디지털청도문화대전 https://cheongdo.grandculture.net/cheongdo

도판

〈가산오광대〉 영노, 1980, 한국민속대백과사전, 국립민속박물관 소장.
〈고성오광대〉 영노, 1980, 국립민속박물관 소장.
〈수영야류〉 영노, 국립민속박물관 소장.
〈통영오광대〉 영노, 1973. 국립민속박물관 소장.
〈하회별신굿 탈놀이〉 중 '주지마당', 2021. 정상훈 촬영.

[주]

1장 괴물의 세계

1   낙선재는 1847년에 헌종이 총애하던 후궁인 경빈김씨를 위해 지은 건물이다. 2012년 3월 2일 대한민국 보물 제1759호로 지정되었다. 김씨 별세 이후 한동안 고종이 평상시 머무는 공간으로 사용되었으며, 여러 황족들이 마지막을 보낸 곳이다. 여기에는 순종의 계비(繼妃)인 순정효황후가 머물며 탐독하던 한글소설이 상당히 많이 소장되어 있었는데, 민간에서는 거의 찾아볼 수 없는 고전소설이 상당수 발견되었다. 낙선재본 고전소설은 조선 시대 왕실 여성들의 문학적 취향을 엿볼 수 있는 자료로 문학사적 의미를 지니며, 현재 한국학중앙연구원 장서각에 보관되어 있다.

2   〈천하도(天下圖)〉는 세계를 둥근 원의 형태로 묘사한 지도여서 흔히 〈원형천하도〉라 불린다. 지도 이름은 대부분 〈천하도〉 또는 〈천하총도(天下總圖)〉로 적혀 있다. 하늘은 둥글고 땅은 네모지다는 '천원지방(天圓地方)' 사고가 지배하던 동아시아에서, 세계를 원형으로 표현한 이 지도는 이례적인 경우다. 조선 후기 민간 지식인들 사이에서 널리 유포되었으며, 현존하는 〈천하도〉는 목판본과 필사본을 합쳐 수십 종에 이른다. 지도에 실린 지명은 사본마다 약간씩 다르지만 대체로 140여 개 정도이며, 실제 지역보다는 『산해경』, 『한서』, 『서경』, 『당서』 등 도교적 상상력이 담긴 고전에서 따온 가상 지명이 대부분이다(오상학, 『천하도-조선의 코스모그래피』, 문학동네, 2015 참고).

2장 슬픈 원귀는 구천을 떠돌고

1   1680년, 숙종은 남인 세력인 허적과 민희에게 조정의 분열과 붕당정치를 없앨 것을 명한다. 그러나 불과 일주일 후, 남인 중심이었던 군부 주요 인물들이 서인으로 바뀐다. 이후 보름 동안 남인 세력은 완전히 밀려나고 서인들이 관직을 차지하는 상황이 이어진다. 숙종의 돌변에 대해서는 여러 추측이 있으나 서인 세력인 김석주의 오랜 기획이라는 설이 그중 하나이다. 허적과 허견, 복창군 등의 역모를 김석주가 고발하여 남인의 주요 인물들이 처형당하는 것으로 경신환국이 마무리된다.

2   왕이 사망했을 때, 나라에 큰 공을 세우거나 이름을 떨친 신하를 뽑아서 왕실 사당인 종묘에 왕과 함께 모셔놓은 것을 말한다.

3   선조 때의 문신 고종후(1554-1592)를 말한다. 임피(현재의 전북 군산 임피면 일대) 현령을 지냈고, 아버지 고경명과 동생 고인후가 임진왜란 때 금산 전투에서 전사한 뒤 스스로 '복수의병장'이라 칭하고 왜적과 싸웠다. 진주성이 함락되자 남강에 투신해 자결했다.

4   『최치원』 이야기는 『수이전 일문』에서 확인할 수 있다.

3장 한국의 특별한 괴물, 도깨비

1   주강현, 『우리 문화의 수수께끼』, 서해문집, 2018 참고.

2   〈채씨효행도〉는 허련이 채홍염의 효행 중
    '상진저육(常進猪肉, 아침저녁으로 고기를 준비함)',
    '판시부미(販市負米, 쌀을 팔아 공양함)',
    '상분도천(嘗糞禱天, 대변을 맛봐 병을 진단함)',
    '작지관혈(斫指灌血, 손가락을 깨물어 피를 부모님 입에 물림)',
    '귀화전도(鬼火前導, 도깨비불이 길을 안내함)'
    의 다섯 장면을 그린 것이다.

5장 더 알아보면 좋을 괴물들

1   계율을 어기거나 탐욕을 부려 지옥에 떨어진 귀신으로, 몸이 앙상하게 마르고 배가 엄청나게 크다. 목구멍이 바늘구멍 같아서 음식을 먹을 수 없어 늘 굶주림으로 괴로워한다.

2   기원전 2800년경에 살았다고 전해지는 중국 신화의 인물. 인간의 머리에 뱀의 몸을 하고 있다.

3   '야류(野遊)'는 들판에서 하는 놀이, '오광대(伍廣大)'는 다섯 광대의 놀이라는 뜻으로 모두 탈춤의 다른 이름이다.

4   비비과장에 등장하여 특별히 '비비양반'이라 함. '영노양반'이라고도 부름.

5   태산 위에는 비(蜚)라는 불길한 짐승이 있는데 소와 비슷하게 생겼으나 머리가 하얗고 눈 하나에 뱀 꼬리가 달려 있다. 비가 나타나면 강물이 마르고 초목이 마르고 천하에 돌림병이 생겼다(예태일, 전발평 편저, 서경호, 김영지 역 『산해경』, 안티쿠스, 2008, 96면.).

6   중국 고대 신화 속 황제 헌원씨의 딸로, 가뭄을 일으키는 여신이다.

7   고대 중국 신화에 나오는 괴물로, 끝없는 식욕과 탐욕을 상징한다. 주로 커다란 입과 날카로운 이빨로만 이루어진 모습으로 묘사된다.

【 이 책에서 활용한 주요 자료 소개 】

고전소설, 서사무가

• **강도몽유록** : 작자·연대 미상의 한문소설로, 병자호란 당시 강도(江都: 강화도)가 청(淸)의 군병에 의해 함락됨으로써 죽게 된 많은 여인의 원혼이 주인공의 꿈에 나타나, 조정 대신과 강화 수비를 맡았던 관리들을 비난하는 것이 작품의 내용이다. 저작 연대는 병자호란 이후 멀지 않은 시대인 것으로 추정된다.

• **구운몽** : 조선 숙종 때 김만중(1637-1692)이 지은 고전소설로, 불가의 제자 성진이 우연히 팔선녀를 만나 속세에 대한 욕망을 품게 된 뒤, 양소유라는 남자로 환생하여 세상의 부귀공명을 누리는 내용이다. 『구운몽』의 구(九)는 양소유와 여덟 선녀를, 운(雲)은 꿈 많은 인간 삶을, 몽(夢)은 현세의 부귀공명이 일장춘몽임을 상징한다.

• **금오신화** : 조선 전기의 학자, 김시습(1435-1493)이 쓴 단편소설집으로, 「만복사저포기」, 「이생규장전」, 「취유부벽정기」, 「남염부주지」, 「용궁부연록」 등을 수록하고 있다. 우리나라 최초의 한문 단편 소설집으로 평가받는다.

• **김원전** : 작자·연대 미상의 고전소설로, 지하 대적 퇴치라는 민담이 구성의 근간을 이룬다. 괴이한 모습으로 태어난 김원이 10년 만에 탈을 벗고 파란만장한 고행을 겪은 뒤 왕녀와 결혼하게 된다는 이야기다.

• **남궁선생전** : 조선 선조, 광해군 때의 허균(1569-1618)이 지은 한문소설로, 작자가 손수 편찬한 그의 시문집 『성소부부고』에 수록된 5편의 한문소설 중에서 가장 긴 작품이다. 실존하였던 남궁두라는 인물을 대상으로 하여 그가 살인하고, 속세를 떠나 신선의 길을 연마하고, 이후 다시 속세로 돌아오는 과정을 그리고 있다.

• 달천몽유록 : 조선 중기에 윤계선(1577-1604)이 지은 한문소설. 저작 연대는 소설의 처음에 '만력경자지춘(萬曆庚子之春)'이라 기록된 것으로 미루어 임진왜란이 끝나고 2년 후인 1600년(선조 33), 곧 작가의 나이 23세 때로 추정한다. 임진왜란 때 나라를 위하여 전사한 충신들을 추모하여 지은 몽유록계 소설이다.

• 만복사저포기 : 조선 전기에 김시습(1435-1493)이 지은 한문소설. 원본은 전하지 않고 일본 동경에서 목판본으로 간행된 소설집『금오신화(金鰲新話)』에 실려 있는 5편 중 하나이다. 산 남자와 죽은 여자의 사랑을 그린 애정소설이며, 구조 유형상 명혼소설(冥婚小說) 또는 시애소설(屍愛小說)이라고도 한다.

• 소현성록 : 작자·연대 미상의 고전소설. 17세기 중엽에 창작된 것으로 추측하며, 송나라를 배경으로 소씨 가문이 삼대에 걸친 이야기를 다룬 가문소설이다.

• 수저옥란빙 : 작자·연대 미상의 고전소설. 명나라를 배경으로 일부다처제에서 처첩 간의 갈등과 이에 따른 비극적 일을 다룬 가정소설이다.

• 영감본풀이 : 제주도굿에서 '영감'이라고 하는 도깨비를 대접할 때 연행하는 굿놀이이자 이때 구송하는 서사무가. 형제 중의 막내인 영감이 침범한 사람에게 병이 생겼으므로, 영감의 형제 신들을 불러다 잘 대접하여 아우 영감을 데려가게 하는 장면을 연극처럼 공연함으로써 환자의 치유를 도모한다. 영감의 내력을 풀이할 때에「영감본풀이」가 구연된다.

• 이화전 : 작자·연대 미상의 고전소실로 임진왜란 당시의 현실 세계를 소재로 하여, 전반부는 한국을 배경으로, 후반부는 중국을 배경으로 이야기가 구성되었다. 민심이 흉흉한 가운데 요괴와 다투는 장수 이화의 이야기를 그린 전기소설(傳奇小說)이다.

• 전우치전 : 작자·연대 미상의 고전소설로, 조선 중종 때 살았던 실존 인물 전우치의 신이한 행적을 전하는 여러 문헌 설화와 구비 설화를 토대로 소설화했다. 특히 전우치를 제압하는 인물로 화담 서경덕을 제시하여, 서경덕을 스승으로 모시기 전까지 성격이 오만한 전우지의 이야기를 담아내고, 이후 전우치가 서경덕을 만나면서 도가(道家)의 일원이 될 자질을 갖추게 되는 면을 그리고 있다.

• 정을선전 : 작자·연대 미상의 고전소설로, 가정 소설, 애정 소설, 영웅소설의 면모를 두루 갖추고 있다. '정을선'이라는 영웅의 일대기와 결연 장애, 계모와 처첩간의 갈등을 유기적으로 결합한 작품이다.

• 차사본풀이 : 제주특별자치도의 〈귀양풀이〉나 〈시왕맞이〉 등의 굿에서 죽은 이를 저승으로 인도하는 차사의 내력을 풀이할 때 무르는 서사무가. 이 본풀이를 부르며 차사에게 기원하는 제차의 이름이기도 하다. 이승의 인물 강림이 저승 염라왕의 차사가 되는 이야기를 통해 무속적 죽음관의 면면을 엿볼 수 있다.

• 최치원설화 : 신라 말기의 학자이자 문장가인 최치원(857-?)에 관한 설화이다. 한 편의 설화이기는 하나 내용 구성면에서 다분히 소설적 면모를 띠고 있어 소설로 보는 경우도 있다. 이 설화는 원래 『수이전(殊異傳)』에 수록되었던 것이 후에 성임의 『태평통재(太平通載)』 권68에 「최치원(崔致遠)」이라는 이름 아래 전재되었다. 그 뒤 권문해의 『대동운부군옥』 권15에 「선녀홍대(仙女紅袋)」라는 이름으로 수록되어 전해졌다. 최치원과 여성원귀의 만남을 소재로 한 이야기다.

• 태원지 : 작자·연대 미상의 조선 후기 소설. 중국의 원나라 말을 배경으로 한 해양탐험소설이다. 제목인 태원지는 '태원이라는 새로운 대륙에서 나라를 세운 기록'이라는 뜻이다. 하늘의 뜻을 받은 주인공 임성이 중국을 벗어나 다른 대륙으로 가서 임금이 되는 내용을 그렸다.

• 현몽쌍룡기 : 작자·연대 미상의 고전소설. 중국 송나라를 배경으로 조무와 조성 쌍둥이 형제의 결연과 가족 관계, 영웅적 활약상을 다룬 이야기다.

- 호질 : 조선후기의 실학자이자 소설가 박지원(1737-1805)이 지은 한문단편소설로, 『열하일기(熱河日記)』에 실려 있다. 군자를 가장한 선비가 범에게 꾸지람을 당한다는 줄거리로, 당시의 부패하고 위선적인 유생들의 가식을 폭로한 작품이다.

- 황운전(黃將軍傳) : 작자·연대 미상의 고전소설로, 이본에 따라 '황운셜연전'·'황셜녹'·'황장군전(黃將軍傳)' 등으로 되어 있기도 하다. 중국 송나라를 배경으로, 주인공 황운과 약혼녀 설소저의 사랑과 고난을 그린 영웅소설이다.

역사서, 문집, 야담집

- 계서야담 : 조선 후기 편자 미상의 야담집이다. 1828년에 계서 이희평이 편찬한 『계서잡록(溪西雜錄)』과 1833-1869년에 『계서잡록』을 발췌, 변용, 보충한 『기문총화(記聞叢話)』를 뒤섞은 것이다. 『계서야담』에 수록된 작품은 313편으로, 『계서잡록』과 『기문총화』에 실린 것을 다시 기록한 것이다. 두 야담집에는 실리지 않고 『계서야담』에만 실린 작품은 〈홍순언 이야기〉가 유일하다.

- 공사견문록 : 조선 후기의 문신이자 효종의 부마(駙馬: 임금의 사위) 정재륜(1648-1723)이 효종·현종·숙종·경종의 4 왕대에 걸쳐 궁궐에 출입하면서 보고 들은 아름다운 말 및 선행 등을 모은 야사집이다. 권1은 공사견문(公私見聞: 세종·성종 때부터 숙종 27년까지의 이야기) 100여편, 권2는 견문인계록(見聞因繼錄)·감이록(感異錄) 100여편, 권3은 공사견문후(公私見聞後: 주로 가언·선행으로 노비·서리의 일화 등) 100여편을 담고 있다. 그리고 권4는 한거만록(閒居漫錄)으로 이 책의 속편에 속하며, 앞의 3권이 이루어진 뒤 다시 지은 것이다.

- 대동기문 : 1926년 강효석(?-?)이 편찬한 조선조 역대 인물들의 전기·일화들을 뽑아 엮은 책. 윤영구와 이종일이 교정하여 한양서원에서 처음 간행하였다. 이 책에는 태조대 배극렴에서부터 고종대 민영환에 이르기까지 총 716항이

실려 있다. 이어 부록으로 〈고려말 수절제신(高麗末守節諸臣)〉편에 정몽주 이하 98항이 덧붙어 있어, 총 814항목이 실려 있다.

• 대동운부군옥 : 조선 선조 때 권문해(1534-1591)가 편찬한 일종의 백과전서로 한국과 중의 문헌 중 단군시대로부터 편찬 당시까지 한국의 지리, 역사, 인물, 문학, 식물, 동물 등을 총망라하여 운자의 차례로 분류해 놓은 책이다. '대동(大東)'이라는 말은 '동방대국(東方大國)'이라는 뜻이고, '운부군옥(韻府群玉)'은 운별로 배열한 사전이라는 뜻이다.

• 동국세시기 : 조선 후기에 홍석모(1781-1857)가 일 년의 세시풍속를 체계적으로 수집해서 기록한 세시풍속지이다. 이 책에는 일반세시, 명절세시, 농경세시, 신앙세시, 놀이세시, 음식세시, 언어세시 등이 다양하게 수록되어 있으며, 전국의 세시 사례가 집대성되어 있다.

• 동국이상국집 : 고려의 문신 이규보(1168-1241)의 시문집이다. 그의 아들 이함이 1241-1242년에 걸쳐 간행하였으며, 1251년에 그의 손자 이익배가 증보판을 간행했다. 시, 부(賦), 전(傳)의 문학적인 글들은 물론, 개인적인 편지, 관원으로 나라에 바친 글, 교서·비답·조서 등 임금을 대신해 작성한 글들, 장례나 제사, 불교 행사 등에 쓰인 글들도 수록되어 있다.

• 동소만록 : 조선 후기의 학자 남하정(1678-1751)이 고려 말 이성계가 조선을 건국하였을 때부터 조선 중기에 이르기까지의 사건들을 시간 순서대로 적은 책이다.

• 명엽지해 : 조선 후기에 홍만종(1643-1725)이 저술, 편찬한 설화집으로 원본은 현존하지 않는다. 다만, 조선 후기의 설화집『고금소총』(편자 미상)에『명엽지해』에서 인용한다고 밝힌 설화 74편이 남아 그 일부가 전해지고 있다.

- 삼국사기 : 고려 인종 23년(1145)에 김부식이 펴낸 역사책이다. 신라, 고구려, 백제 세 나라의 역사를 다루었고, 『삼국유사』와 더불어 우리나라에서 현존하는 가장 오래된 역사책이다.

- 삼국유사 : 고려 충렬왕 7년(1281)에 승려 일연이 펴낸 역사서이다. 불교적 관점에서 서술한 고구려, 백제, 신라와 고려 초기의 역사, 전설, 설화를 담고 있으며, 특히 한국 고대 문화를 이해하는 데 중요한 자료로 평가받는다.

- 석보상절 : 조선 세종 29년(1447)에 수양 대군이 세종의 명에 따라 소헌 왕후 심씨의 명복을 빌기 위하여 쓴 책이다. 세종 29년에서 31년 사이에 간행된 것으로 추정되며, 당나라 도선의 『석가씨보(釋迦氏譜)』, 양나라 승우(僧祐)의 『석가보(釋迦譜)』를 참조하여 새롭게 편찬하고 한글로 풀이한 석가모니의 일대기이다. 한국 보물이다.

- 성호사설 : 조선 후기의 학자 이익(1681-1763)이 집필한 저술로, 당대의 정치, 경제, 사회, 문화, 지리, 풍속, 사상, 역사 등에 관하여 쓴 그의 글과 제자의 질문에 대답한 내용을 1761년에 그의 조카들이 정리한 백과 사전적인 책이다.

- 송남잡지 : 조선 후기의 학자 조재삼(1808-1866)이 천문, 인사 및 동·식물 등을 33개 부문으로 나누어 각 부문에 관계되는 사항을 모아 저술한 책이다.

- 수이전 : 작자 미상의 통일신라 후기 때 지어진 한문 설화집으로 원래 제목은 『신라수이전(新羅殊異傳)』이다. 『수이전』은 현재 전하지 않는다. 단지 『수이전』에서 옮겨 실었다는 21편의 작품이 후대의 문헌인 『해동고승전(海東高僧傳)』(13세기 각훈), 『삼국유사(三國遺事)』(일연), 『태평통재(太平通載)』(15세기, 성임), 『필원잡기(筆苑雜記)』(서거정), 『삼국사절요(三國史節要)』(노사신), 『대동운부군옥(大東韻府郡玉)』(권문해), 『해동잡록(海東雜錄)』(권별) 등에 실려 전해지고 있다. 이들을 일컬어 『수이전일문』이라 한다.

• 어우야담 : 조선 중기에 유몽인(1559-1623)이 편찬한 설화집으로 당대 시정에 떠도는 기이한 사람과 사건, 신이한 일 등에 관한 이야기를 두루 수록하였다.

• 열하일기 : 조선 후기 실학자 박지원(1737-1805)의 견문록이다. 1780년(정조 4), 청나라 건륭제의 칠순을 축하하기 위해 조선에서 외교 사절단이 파견되었다. 이 사절단에는 그의 사촌형 박명원이 포함되어 있었고, 박지원은 그를 수행하여 열하를 여행했다. 청조 치하의 북중국과 남만주일대를 견문하고 그곳 문인·명사들과의 교유 및 문물제도를 접한 결과를 소상하게 기록하였다.

• 용재총화 : 조선 중기의 문신 성현(1439-1504)이 지은 책으로, 조선 중종 20년(1525)에 경주에서 간행되었다. 고려로부터 조선 성종대에 이르기까지 형성, 변화된 민간 풍속과 당대의 제도, 역사, 지리, 종교, 문학, 음악, 서화 등 문화 전반을 다루고 있다.

• 용천담적기 : 조선 전기의 문신 김안로(1481-1537)가 경기도로 유배갔을 때 쓴 35가지의 이야기를 수록한 야담집이다. 저자는 이것을 쓰게 된 동기와 목적을 〈자서(自序)〉에서 "귀양살이로 정신이 피로하여 성인의 글을 읽을 수가 없어 예전에 친구들과 하던 이야기를 기억하여 붓 가는 대로 기록하여 친구들과 이야기하고 농담하는 것에 대신할까 한다."고 밝혔다. 수록된 35가지의 이야기에 따로 제목을 달지 않고 연속하여 서술하였고, 전개 순서도 일정한 기준 없이 생각나는 대로 서술하였다.

• 지봉유설 : 지봉 이수광(1563-1628)이 조선 광해군 6년(1614)에 편찬한 저서로, 문헌, 천문, 지리에서 시작하여 초목, 곤충에 이르기까지 새로운 세계와 새로운 지식을 고서(古書)와 고문(古聞)에서 뽑아 엮은 책이다.

• 천예록 : 조선 중기에 임방(1640-1724)이 편찬한 야담집으로 신선, 괴물, 귀신, 요괴, 저승 등 비일상적 존재와 공간에 관한 이야기를 두루 수록하였다.

- 청구야담 : 19세기 중엽에 편찬된 것으로 추정되는 야담집으로, 『계서야담(溪西野談)』, 『동야휘집(東野彙輯)』과 함께 3대 야담집으로 불린다. 그중에서도 『청구야담』은 내용이 풍부하고 세태 묘사가 자세하여 야담 본연의 모습을 가장 잘 담고 있다는 평가를 받는다. 대략 290편 남짓한 이야기가 실려 있고, 『학산한언(鶴山閑言)』, 『계서잡록(溪西雜錄)』, 『후재전서(厚齋全書)』 등과 같은 기존 야담집 및 문집에서 발췌하여 수록한 작품 또한 많다.

- 학산한언 : 조선 중기에 신돈복(1692-1779)이 편찬한 야담집으로, 그가 젊은 시절부터 노년기인 조선 영조 35년(1759) 무렵까지 수집해 두었던 자료를 조선 정조 3년(1779)에 타계하기까지 사이에 기록했던 것으로 추정한다. 현실적 이야기와 비현실적 이야기가 공존하고 있고, 조선 후기의 급변하는 사회 속에서 새롭게 체험한 것을 사실적으로 기록한 이야기가 있는 반면, 그전부터 전해 내려오던 귀신이나 혼령에 관한 이야기도 실려 있다.

조사 자료

- 조선무속고 : 역사학자이자 민속학자인 이능화(1869-1943)가 한국 무속 자료를 집대성하여 1927년 계명구락부(啓明俱樂部) 기관지 『계명(啓明)』 제19호에 발표한 글이다. 총 20장으로 이루어져 있으며, 각 장마다 장 전체를 개관하는 서문을 두었다(단 7장, 11장, 13장에는 서문이 없음). 대부분이 조선 시대에 관한 것이며, 문헌자료뿐 아니라 저자가 보고 들은 당대의 무속 자료도 상당수 언급하였다.

- 한국구비문학대계 : 한국정신문화연구원(현 한국학중앙연구원)에서 발간한 전국 구비문학자료 조사집으로 한반도 진역과 해외 동포 거주지에서 수집된 다양한 구비문학 자료를 수록하였다. 조선 시대부터 현대까지의 민요, 전설, 이야기 등을 포함하며 디지털 자료로도 제공한다.

• 한국민족설화연구 : 국사학자이자 민속학자인 손진태(1900-1960년대 중반)가 쓴 책으로, 1927년 월간지 『신민(新民)』에 15회에 걸쳐 발표하였던 〈조선민족설화의 연구〉를 1947년 한데 모아 엮은 것이다. 1947년에는 〈조선민족설화의 연구〉라는 책으로 출간했고, 이후 1954년 을유문화사에서 재판하며 『한국민족설화의 연구』로 제목을 수정했다. 전체를 7편으로 나누어 제1편에 중국에 전한 조선 설화, 제2편에 중국 영향의 민족설화, 제3편에 북방 민족 영향의 민족설화, 제4편에 일본에 전파된 조선 설화, 제5편에 불전(佛典)에서 나온 민족설화, 제6편에 세계적으로 분포된 설화, 제7편에 기타의 설화로 나누어 문헌을 광범위하게 인용하였다. 이 책은 한국 최초의 본격적인 설화 연구서로 설화를 통해 서로 다른 문화 현상을 설명하려 하였다.

• 임석재전집 한국구전설화(韓國口傳說話)(1-12권) : 국문학자이자 민속학자인 임석재(1903-1998)가 조사, 채록 정리하여 펴낸 구전설화집. 1987년 『임석재전집 한국구전설화 - 평안북도편 1』을 첫 권으로 하여, 1993년에 '경상북도편'을 마지막으로 7년간에 걸쳐 전 12권으로 전국의 설화자료를 출판하였다. 지형(地形), 지물(地物) 전설부터 우스개 민담까지 평안도, 함경도, 황해도 등지의 북한을 포함하여 강원도, 경기도, 충청도, 전라도, 경상도, 제주도 등 지역별 다양한 구전 이야기를 수록하고 있다.

중국문헌

• 산해경 : 작자·연대 미상의 중국의 대표적인 지리서이자 신화집으로, 대체로 기원전 3-4세기경 무당들이 썼을 것이라 추정한다. 중국과 변방 지역의 산맥, 하천, 산물에 대한 것은 물론 기이한 사물, 인간, 신들에 대한 기록과 그들에 대한 그림이 함께 실려 있다.

• 설문해자 : 중국 후한 시대에 허신(30-124)이 편찬한 자전(字典)으로 1만여 자에 달하는 한자 하나하나에 대해, 본래의 글자 모양과 뜻 그리고 발음을 종합적으로 해설한 책이다. 본문 14권과 서목(敍目) 1권의 총 15권으로 이루어져 있다.

• 수신기 : 중국 동진(4세기경) 시기의 역사가 간보(?-?)가 편찬한 설화집으로, 귀신과 신선, 괴이한 일 등을 수록하였다.

• 유양잡조 : 중국 당나라(618-907)의 단성식(?-863)이 엮은 책으로, 당대(唐代) 및 그 이전 시기의 다양한 이야기와 풍속, 동식물, 기이한 현상과 인물 등을 분야별로 엮은 것이다.

• 태평광기 : 중국 송나라(960-1279) 때 이방 등 12명이 황제의 명에 따라 편집한 중국 설화집으로, 한나라 시대부터 북송 초기에 이르는 소설, 필기, 야사 등에 수록된 이야기들을 광범위하게 채록하여 엮은 책이다. 총 500권에 7,000여 쪽에 달하는 이야기가 있다.

편집자의 말

총기 있는 여성들과 둘러앉아 이야기 나눌 수 있기를 오랫동안 바라왔다.

너는 요즘 어디에 가장 열을 올리는지, 최근엔 무엇이 가장 좋아 보였는지, 어떤 성과를 이뤄내고 싶은지, 이 문장을 어떻게 바라보았는지 같은 대화들 말이다. 수없이 되새겨왔으나 쉽게 꺼낼 데 없는 생각, 신념을 담고 반짝반짝 빛나는 단어는 얼마나 귀한가.

어느 영험한 신이 이 소원을 들어주셨나 보다. 곧 원하던 대로 되었다. 두 작가와 나, 일러스트레이터와 디자이너까지 다섯 명의 여성이 한자리에 모였다. 무척 기뻤다. 그러나 역시 우리 신은 괴팍하기도 해서 우리를 여기에 아주 오래도록 묶어 두셨다. 2022년 8월에 계약서를 썼고 2025년 8월에 크라우드 펀딩을 시작했으니 딱 3년이다. 이렇게나 길게 이야기하고 싶은 건 아니었는데!

∵

경영학과를 졸업하고 광고회사에 입사했다. 재미있었다. 하지만 곧 '내 물건'을 팔고 싶어졌다. 대학원 전공으로 구비문학을 택한 것은 그 때문이다. 모든 콘텐츠의 원천이자, 쉬지 않고 변주되는 힘이 있다고 판단했기에. 얼굴도 못 뵌 증조할머니가 동네 사람들을 모아 놓고 〈바리공주〉며 〈임장군전〉을 그렇게나 재미있게 이야기하셨다

던데 '나도 핏줄 따라 제 자리를 찾아가는 건가' 하는 생각도 잠시 들었다.

회사까지 그만두며 팔고 싶었던 '내 물건'은 뭐였을까. 썩 새로운 도전은 아니었다. 공부를 마치고 기껏 차린 것이 출판사였으니. '사람이 뉴스를 봐야지!' 하는 아버지의 템플릿처럼, 갓 창업한 나 역시 '사람이 인문학을 해야지!' 따위의 생각을 품고 있었다. 기획서를 썼다. 세 장이나 되는 구상을 다시 한 장으로 줄였다. 이걸 들고 대학원 송소라 선배에게 전화를 했다(소라는 나와 동갑내기다.). 내가 이런 책을 내고 싶은데, 너는 할 수 있을 것 같다고. 혼자가 내키지 않는다면 마음 맞는 한 명 더 끌고 오라고. 그렇게 김혜정 선배가 합류했다. 든든한 출발이었다.

∴

두 선배가 보내온 초고는 연구실 시절의 논문처럼 여전히 어려웠다. 나는 전문 지식 없는 일반인과 고작 책 몇 권 읽은 전공생 사이에서 열심히 줄을 탔다. 주인공이 왜 이래야 하는지 더 설명해 주실 수 있나요, 생략이 많아서 무슨 뜻인지 잘 모르겠습니다, 이 자료가 먼저 나와야 하지 않을까요, 이건 학계에서만 쓰는 단어 아닌가요... 어느새 넘버링을 포기한 메모들, 몇 번째 버전인지도 모를 수정본들이 수없이 오고 갔다. 아마 둘이었으면 판이 나도 진작에 났을 것이다. 세 다리 달린 솥처럼, 삼국지의 위·촉·오처럼 우리는 적당히 균형을 잡고 가끔은 술도 마시며 긴 시간을 이겨나갔다. 그런 건 인문학 공부하는 사람들이 가장 잘하는 짓이다. 우리가 대학원에서 배운 건 논문만이 아니다. 바리공주는 저승에서 물도 긷고 나무도 하며 석삼

년을 버티지 않았던가. '고전으로 인생 리허설'이라는 카피는 그렇게 떠올랐다.

∴

원고를 완성하며 친구 둘을 떠나보냈다. 한동안 열심히도 붙어 다녔으나 이제는 소원해진, 그래도 어딘가에서 제 몫 하며 잘 지내겠지 싶던 사람들이다. 망묵굿, 삼설양굿 같은 '망자를 위한 의식'을 편집할 때는 끝내 눈물을 참을 수 없었다. 그러나 한편으로는 우리 신의 품에서 그들이 평온할 것이라는, 그래야만 한다는 믿음도 생겨났다.

가는 이가 있으면 오는 이도 있다. 그것이 세상 섭리다. 이 책은 크라우드 펀딩에 함께한 수백여 후원자의 지지와 응원에 힘입어 펴낼 수 있었다. 나 혼자만의 상상 속에서 뭉툭하게 그려내던 신과 괴물들을 눈앞에 현현하게 보여주신 홍선주 일러스트레이터, 온갖 예쁘고 영롱한 것들을 다듬고 또 다듬어 책에 넣어주신 인수정 디자이너도 참 고맙고 소중한 인연들이다. 그리고 흔들림 없이 옛이야기를 붙들고 놓지 않은 김혜정·송소라 작가 덕에 이렇게나 긴 편집후기를 써 내려갈 명분을 갖게 되었다. 이제 안심하고 진짜_최종_끝이다.

우리 신, 우리 괴물 2
고전을 찢고 나온 괴물들

1판 1쇄 펴냄 2025년 9월 26일

지은이 송소라
그린이 홍선주
디자인 인수정
펴낸이 김은선
펴낸곳 페이퍼타이거

등록 제 25100-2021-000032호
전화 02-6928-5040 **팩스** 02-6280-5045
메일 es01@papertiger.co.kr
인스타그램 @book_papertiger

ISBN 979-11-90466-10-3 04810
ISBN 979-11-90466-11-0(세트)

ⓒ 송소라, 2025

· 이 책의 내용은 저작권법으로 보호받고 있습니다.
· 이 책의 일부 또는 전부를 재사용하려면 반드시 사전에 저자와 출판사의 동의를 받아야 합니다.
· 잘못된 책은 구입하신 곳에서 바꾸어 드립니다.